내 백성,
종북 주사파에서
해방시키라

이 수 아

수가수 출판사

내 백성,
종북 주사파에서
해방시키라

초판 1쇄 인쇄   2024년 3월 11일
초판 1쇄 발행   2024년 3월 15일

지 은 이   이수아
편   집   최새민
발 행 처   수가수 출판부
등록일자   2023년 06월 16일
주   소   경기도 양평군 옥천면 신대2길 8-1
편   집   010-5930-0697
출   판   010-2751-1434
이 메 일   saemin1026@naver.com

• 책값은 표지 뒷면에 표기되어 있습니다.
  ISBN 979-11-986860-0-8(03340)

작가의 말

"오늘도 나는 나의 조국
대한민국 자유민주주의
수호를 위해
종북 주사파의
적군 속을 달리며
그 담장을 뛰어넘나이다."

2024년 새해 벽두에
이수아

차 례

제1부

의인 세 사람

여호와께서 하늘에서 인생을 굽어살피사
지각이 있어 하나님을 찾는 자가 있나 보시려 하나
다 치우쳤으며
다 더러운 자가 되고
선을 행하는 자가 없나니
한 사람도 없도다.

이때 대한민국이 절대
'자유 민주주의'가 아닌
사악한 개판
'인민 사회주의'가 된 걸 보신 것이다.

그래서 진노하셨다.

"내가 엿새 동안 하늘과 땅과 바다와 그 가운데 생명
나무와 선악을 알게 하는 나무로 법치를 세우고"
오직
"나 외에 다른 신을 네 앞에 두지도 말고 섬기지도 말
라." 하였거늘

다시 말해
나무를 보고

'너는 나를 낳았다.'
하고

바위를 보고
'너는 나의 애비라.'
하는 식으로 우상 모시듯 개딸들의 노예가 되어
'생육하고 번성하라.'
하는 하나님 나의 창조의 뜻을 어기고서 말이다.

다음 2024년 4월 10일 총선을 앞두고
'공천을 못 받을까 봐'
국민보다 개딸들 앞에 국회의원들이 미리부터 납작 엎
드려 좌불안석 절절 기는 걸 보면

국민들은 부아가 나고

대한민국은 망하였다!

'제 조국, 대한민국이 태어나지 않았어야 했다.'
하는 이 종북 좌파들이 차지한 개판 대한민국이 되었
으니 말이다!

오호라!
그래서 하나님의 진노가 하늘을 찌르셨다.

그래, 그렇게 '이 좋은 나라 건국한
이승만 대통령을 하야'시키고
대한민국의 굶주리는 백성을 가난에서 구해내고
오직
'내 일생 내 민족과 조국을 위하여'
불철주야 애국심으로 나라 경제를 부흥시킨
반공주의자 박정희 대통령을 총탄으로 쏴 죽이고
그 앞서서는 8.15 광복절 날
그 우아하고 아름다운 국모를 권총으로 저격해서 죽이고도 모자라
그 이후에도 보수 우파 대통령은 모조리 애국자들과 함께 끌어내리고 잡아들이고 이 악독한 주사파들이 세워놓은 김대중, 노무현, 문재인 이들을 다 대통령으로 뽑아놓고 김정은, 김일성, 김정일 이젠 열 살짜리 계집아이 치마 밑으로 기어들어 가서 살고 싶어 게거품을 무는 이 뇌 구조가 썩을 대로 썩은 천박한 이 주사파들 소원대로 해주시려고 작정하신 것이다.
'그래! 당해 봐라.'
공산주의 맛이 어떤 것인가를.

그리하여 지독한 종북 주사파 문재인이가

모조리

대한민국 곳곳에

사법부 종북 좌파 언론계 하여튼 국가 기관 기관마다

오직

국가 반역자들로만 가득 채우고

바야흐로 그들이 그토록 수십 년간을 목메어 그리워하는 북한 땅으로

그들을 추종하는 개 같은 백성들을 모조리 쓸어 버리기로 작정하신 여호와 앞에

그런데 믿음의 조상 아브라함이 간청했다.

"어찌 다 죽이려 하시나이까!"

하나님이 대답하셨다.

"내가 천지창조를 할 때 사람을 지으면서 준 권한이 있다!

모든 땅의 짐승을 다스리라.

그런데 이 백성이 개의 숭배자가 되어 개딸들의 말만 듣는 똥개들이 되었으니 어찌 내가 바벨론에 끌려가 여러 강변 거기에 앉아 수십 년간을 옛 시온을 생각하며 울었다는 이스라엘 백성처럼 만들지 않겠느냐."

"어이구, 하나님."

구약 시대 때
시퍼런 검을 들고 나타나신 여호와와 천사들 앞에
상수리나무 아래에서
심판받을 죄악의 도시 소돔과 고모라에 사는 조카 롯
의 가족을 살리려고 애원했던 것처럼 하나님과 천사들
앞에
"그 성안에 의인 오십이 있으면 어찌하시겠나이까?"
하나님이 허락했다.
"의인 오십이 있으면 심판을 거두리라."
아브라함이 거듭 제의했다.
노인의 허리를 구부리고 허연 머리를 땅에 박고
"이십이면 내 주여."
다시
"열이면 내 주여."

그런데 그때 의인 열 사람이 없어 유황불에 녹아내린
그때의 소돔과 고모라 성과 달리
대한민국 안에 아브라함이 그토록 조카 롯을 구하려
고 간구하던 의인 세 사람이 있었다.

"대한민국은 망하였다!"
이 외침을 그중 선지자 하나가 광화문 이순신 동상 앞

에서 하고 있었다.
 이 우매한 백성들아,
 대한민국이 망하였다.

 국가 반역자 데모꾼들이 국회의원이 되고

 주한 미군 담장을 넘어들어 가 불을 지르는 자가
 임수경을 이북으로 데려가서 꽃다발을 받게 한 자가
 죽창 들고 대한민국 여성 대통령을
 온갖 거짓 음해질 선동으로 끌어내릴 때
 그 흉측한 짚신 대형 인형으로
 그 목을 참수해서 거리로 질질 끌고 다니던
 이 패악 무도한 자들이
 북한에서 지령받은 그대로
 남한 땅을 모조리 작살을 내서
 아예 대한민국 자유 민주주의를 없애고
 길이길이 백 년 동안 보수를 궤멸시키고
 우리 민족끼리만 모든 나라 권력을 쥐고
 두고두고, 자자손손 이북의 사대 세습같이
 종북 주사파들로 뭉친 국회의원 170명이나 만든
 특히 이 백성들
 이 모두가 정신 줄을 놓았구나.

네 머리는 병들었고
네 마음은 피곤하였으며
발바닥에서 머리끝까지 성한 것 없이
터진 것과 상한 것과 새로 맞은 흔적뿐이거늘.

이러고도 목구멍으로 밥이 넘어가냐?

네 땅은 황폐하고
네 성읍은 불에 타고
네 토지는 네 목전에
이방인에게 삼키움 같이
온 나라 국토 전부를 좌파 쓰레기 개떼들이 삼켜버
렸는데

이 멍청이 우파 무능한 국회의원들아!
저 개떼들은 떼로 몰려 물어뜯고 백성들을 빙자하여
온 국토를 짓밟고 약탈하는데 사방팔방 왜 또 산에다가
불들을 지르고 파괴하고 국가 전체를 짓부수는데

이 극악무도한 종북 주사파들이 메뚜기떼들처럼 몰려
들어 나라 곳간을 아작내는데도

'밥이 목구멍으로 넘어가냐?'
나랏빚이 박근혜 대통령 땐 5백조였던 것이
문재인 5년 동안에 늘어난 나랏빚이 1,100조.

박정희 대통령이
직접 작사 작곡해서 만든 이 그리운 노래.

"새벽종이 울렸네
새 아침이 밝았네
너도나도 일어나 새마을을 가꾸세
살기 좋은 새 마을
우리 힘으로 만드세"

이 「새마을 노래」
그때
초가집도 없애고 마을 길도 넓히고

헐벗은 대한민국의 모든 산을 미리 수십 년을 내다보고 자손만대를 위해 푸른 나무를 심어 푸른 치산으로 만들었다.

그뿐이랴!

주사파들이
'쥐박이'
라고 별명을 붙여 조롱한 이명박 대통령도 미리 전 세계에 불어 닥칠 물 부족 대란이 올 것을 내다보고 말이다.

이미 전 인류에 한 번 태어날까 말까 한 위대한 대한민국의 영도자 박정희 대통령의 거대한 수력 발전소를 포함한 물을 담수하는 충주댐 등을 이어 만든

대통령 봉급도 받지 않고 일한 이명박의 매우 잘한 업적 사대강 사업을 파괴하고,

탈원전 정책을 한답시고 푸르게 자란 산의 모든 나무를 잘라버리고 그 자리에 중국산 태양광 판넬 설치에
온갖 국가 전체를 재난, 재해로 거덜을 낸 이 간첩의 왕 신영복을 가장 위대한 사상가로 존경한다는 문재인과 같은 국가 반역자를 보면서도 그런 주사파들과 똑같이

오직
가난한 자를 등에 업고

가난한 자를 팔아

오히려
그 탈취한 세금으로
제집 창고에
재물을 쌓아놓고
가증스럽게
이 정치꾼 앵벌이들이
오히려
가난한 국민들을 짓밟으면서
그 얼굴에 맷돌질을 해대고 있으니 말이다.

국가관이 없는 요즘 정치인들,
　한 달 천사백만 원이 넘는 국회의원 봉급에 보좌관에
비서관 자가용 세비들은 줄줄이 타 먹으면서

눈을 뻔히 뜨고 싸워 볼 엄두는커녕
자기들 당 안에
자신들 국회의원 사무실 안에

어느 국회의원 하나
제 국가

보수 우파

대한민국의 위대한 이승만, 박정희, 노태우, 전두환, 이
명박, 박근혜

대통령 사진 하나 걸지 못하고

오히려 우파 보수라는 것 자체를 가리느라고

주야장창

'중도, 중도'

눈치만 살피니

'네놈들이 바로 쥐박이고, 개xx다!'

라며 이 모두를 싸잡아 좌우를 가리지 않고

'이 개자식들아!'

외치는 자가 있었던 것이다.

그렇다면 이 선지자는 누구인가?

때에 앞서가는 숫염소다!

움킨 것은 놓지 않는 수사자다!

그가 포효하면 수백만이 운집한다.

광화문 광장 그곳으로!

눈이 오나 비가 오나

비바람이 몰아쳐도
그는 보수 국민들을 모으고 있었다.
가슴에 피가 맺힌 자
도저히
좌파에 점령당한
우리 조국 대한민국을

놓아줄 수가 없어
이대로는
도저히 놓아줄 수가 없어

눈이 오나 비가 오나
비바람이 몰아쳐도
찬 바닥에 주저앉아
부르짖고 애통하며

어떻게 이룩한 내 조국 대한민국을
어떻게 이룩한 나의 조국 대한민국을
이렇게는 놓아줄 수가 없어
밤을 새며
애곡하며

오!

울면서 또 울면서
하나님 구원하소서.
이 대한민국을 버리지 마옵소서!

그는 선지자다.
진작부터 알고 있었다.
그래서 이명박 대통령을 호되게 책망했다.
수십만 군중들 앞에서
"내가 경제나 살려달라고 장로 당신을 대통령으로 세
운 줄 알아?"

그때 그의 나이가 새파란 젊은 사십 대였다.
그 나이 때엔 지금이나 그때나 대부분 좌파 성향이
었는데

그는 달랐다.
그는 선지자였다!

이 말을 하면서 호되게 대통령을 꾸짖었다.
"이봐! 대통령! 내가 당신을 이 땅에 종북 주사파 세력부터 모조리 청산해 달라고 대통령으로 세웠어!"

그런데 이 종북 주사파들이 기다렸다는 듯이 우파 대통령이 되자마자 난데없는 미국산 쇠고기를 들고나와 속길 잘하는 전 국민들을 향하여

'미국산 소고기를 먹음 뇌가 송송 뚫리는 광우병에 걸려 죽는다.'

하는 난데없는 광우병 가짜 선동질을 해댔다.

어느 목장 소가 광우병에 걸려 뇌가 송송 뚫려 사지를 비틀고 주저앉는 화면 등을 좌파 방송 앞잡이 MBC 문화방송을 통해 죽기 살기로 내보내며

"수입산 소고기를 먹으면 이렇게 뇌가 숭숭 뚫려 사지가 오그라들고 주저앉아 걷지도 못하고 죽게 된다."

그러자 이 선동질에 안 넘어간 국민들이 없어 모두가 거리로 뛰어나와

"이명박을 끌어내자!"

이 구호가 대한민국 전체를 집어삼킬 때

쥐박이

온갖 모욕적인 별명에 갖은 치욕을 당하면서도 끽소리도 못하고

"광우병 책임자, 이명박은 물러나라!"
하는 이 구호에 기겁을 하여 겁을 먹고

청와대 뒷동산에 올라
하필 양희은이 부른
「아침 이슬」
을 따라 부르며 울었다니.

선지자 전 목사가 분노한 것이다.

"내가 종북 주사파들을 청산하라고 대통령을 만들었
는데 오히려 종북 좌파들에게 밀려 겁을 먹고, 그것도
대통령이 청와대 뒷동산에 올라가 좌파들이 즐겨 부르
는 「아침 이슬」을 새벽 아침에 따라부르며 눈물을 흘렸
다니!"

억장이 내려앉은 것이다.
이런 백만이 넘는 대중을 한번 운집시켜 조국 대한민
국을 종북 좌파에게서 수호하려면
그 막대한 천문학적으로 들어가는 비용은 또 얼마
인데
똑같은 유니폼에 버스 등을 대절하고

그렇다고
그 앞서 좌파 대통령들이 장악한 정치, 문화, 경제, 노
동단체 등은
'펑펑'
국민 세금으로 우후죽순같이 늘어난 좌파 시민단체
에 쏟아져 들어가는 조직적인 눈먼 돈들의 후원금은 기
하급수적으로 늘어나 차고 넘치는 데 반해

'서럽게도'
우파 단체에는
'어느 재벌 기업조차 후원금을 주지 않고 있는'
이런 악조건에서도 이를 강행하는 무리수를 두면서까
지 조국 대한민국을 살리려고 그가 보수 국민들을 모아
온 것이다.

스스로 자비를 써 가며
교회 교인들 헌금으로 충당하며.

그러자
찬바람에
그 차디찬 길바닥에 주저앉아
같이

조국 대한민국을 살리겠다고

날마다 수건으로 얼굴을 감싸고 울며불며
시린 손 불어가며
그 추운 비바람을 같이 맞아 가며.

이 몸이 죽어서 나라가 산다면
아아
이슬같이 기꺼이 죽으리라.

듣는 귀가 없어도
보수 국민들이 그를 따라 구름 떼 같이 광화문에 모여
들며 함께 이 노래를 따라 불렀다.

「이 몸이 죽어서 나라가 산다면」

'간첩의 대왕 신영복 선생'을
존경한다는 문재인은 그래서 대한민국에 태어나서도
더더욱 대통령이 되어서도 아니 되는 인물이다.
그런데 우리나라 국민들은 뇌에 구멍이 송송 뚫렸나?
특히 사·오십 대
전교조가 장악한 학교 교육의 영향 탓?

그걸 어른 나이가 되어서도 분별 못 한다면
종북 주사파 딸과 결혼한 노무현이
'그럼 나더러 아내를 버리란 말입니까?'
이 반항에 모든 죄 사함받고
가장 한국에서 우대받는 가당찮은 대통령 서열에
올랐다.

건국 대통령 이승만,
박정희는 온데간데없고

문재인도 국민 여론조사 때마다 70%가 나온단다.
나라 전체가 완전히 뒤집힌 것이다.

허기사 대학 시절 화염병만 던지고
국가 전복만을 일삼던 586, 386이 운동권 세대들이
모조리 국회의원이 되어 국회마저 장악하였으니

도무지 웬만한 인내심으로는 차마 눈 뜨고 그 장면들
을 참아내고 볼 수가 없는 비정상투성이다.

무슨 법안들을 제 입맛대로 수틀리면 하루 동안에도
마구잡이로 수십 개를 쏟아내고

대한민국이 망하였다.

　저런 종북 주사파들이 입법권자가 되어 모두를 분과
별 상임위원장 자리 등을 차지하고 앉아서 청문회 때를
보면 기고만장해서 피고인 다루듯
　"똑바로 앉아!"
　"어디 감히 국회의원한테 말대꾸야!"
　쾅!
　책상을 주먹으로 내려치고 쳐 죽일 듯 노려보고
　수대로 불려 나온 장관들이
　"네, 네."
　쩔쩔매며
　"그건…."
　겨우 발언권을 얻고 입을 벌려 몇 마디 말 좀 하려
하면
　"어딜 감히 국회의원이 말씀하는데 끼어들어!"
　윽박, 고성에다
　"똑바로 앉아!"
　고함질에 자세 교정이나 시키고

　학폭 경력자 박범개가 뒤따라서
　"똑바로 앉아!"

호통치니

"네."

구수 사법고시 끝에 검찰총장 자리까지 오른 윤 총장이 복종하고 자세를 고쳐 앉는다.

그러나

"검찰총장은 법무부 장관의 부하가 아닙니다!"

이 한마디로 청문회를 지켜보던 전 국민들을 열광시켰다.

차기 대통령감으로 보고

"와! 윤석열."

아귀같이 달려드는 좌파 정당의 169명 국회의원을 모조리 한 몸으로 상대해서 막아내며 혼자 싸우는, 그 청문회장에서의 그 꺾이지 않는 든든한 남자 사나이의 기백을 보고

'대통령! 차기 대통령감이란 걸'

미리 알아보고 끝까지 뚝심 있게, 나중엔 책상까지 주먹으로 내리치면서

"내가 지금 그 여자, 추미애 법무부 장관의 말을 거역하였다고 해서 손발이 다 잘린 식물 총장인데 어떻게 무슨 수로 한동훈을 비호합니까? 하이 참."

그러자 떼거리로 달려들었다.

"뭐여? '하이 참'이라 고라?"

일본 말도 아니고 이 무식한 것들이 거기다

"어이가 없다구?"

국회 안에선 도무지 들을 수 없는 이 생소한 단어에

여기가 어디라고 감히 국회의원들 앞에서

"죽으려고 환장을 했나. 이 덩치도 크고 180이 넘는 큰 키에 앉는 자세도 시건방지게 두 다리를 쩍 벌리고 앉아서 체중도 겁나게 나가는 배통까지 커다란 걸 달고 나온 이 무거운 놈이 이젠 국회의원들 앞에서 못하는 소리가 없이 그 큰 주먹으로 책상까지 내려치면서 계속 굽히지 않고 하는 말이 뭐라? 어이?"

잔뜩들 워낙 말귀를 알아듣지 못하는 실력들이어서 엉뚱한 상상력의 소설을 쓰며

"아니, 우리 국회의원들을 국민들이 보는 앞에서 제집 하인 부르듯 낮춰서 어이?"

그러나 그 저의가 아닌 윤 총장이 그 틀린 그들의 집단 항의에도 굽히지 않고 그대로 밀고 나갔다

"네, 어이가 없습니다. 내가 지금 손발이 다 잘린 식물 총장인데 무슨 수로 한동훈을 비호합니까?"

그리고 그는 걸핏하면 불리하면 궁여지책으로 쓰는 이 요구의 말

그렇다면 취소하고 바로

"사과해, 사과해."

그러나 그는 사과하지 않았다.

"나는 사과를 못 하겠습니다."

그 앞서 박근혜 대통령의 국정원 댓글 감사 청문회 때에도 그는 이 한 말을 남겼다.

그때 청문회를 보고 있는 국민들의 뇌리에 박힌 이 한마디,

'나는 사람에게 충성하지 않습니다'.

그리고 그는 이 일로 부장 검사 자리에서 강등, 저만큼 유배지로 밀려나 떠도는 떠돌이 검사가 되었다.

사법 구수생인 늦깎이 검사가 된 윤 총장, 그와는 달리 그가 아끼고 가장 사랑하는 서울 법대 후배 한동훈은

사십이 넘기 전 구수 끝에 사법시험에 합격한 윤 총장 대학 선배보다 훨씬 앞선 서울대 4학년 학생인 스물두 살에 사법 시험에 합격한 천재 검사이다.

그런데 그 후 문재인 정권 때 윤 총장과 같이 조국 장관 수사를 지휘한 괘씸죄에 걸려들어 유배지로 떠나야 했다.

남자인데도 여자보다도 더 아름다운 용모를 가진 특
출한 인재를,

거기에 유창한 영어 실력에다 미국까지 유학을 가서
법률 변호사 자격까지 획득한 그야말로 한국 법조계에
선 없어서는 안 되는 너무나도 뛰어난 엘리트 중에 실력
이란 실력은 두루 갖춘 한창 일할 젊은 나이 사십 대 초
반의 우수한 대한민국의 수재를 전혀 알아볼 리 없는
좌파 정권의 그러니까 어이없는 참담한 대실수였다.

백 년에 하나 나올까 말까 하는 인재를 매장시키고

네 번씩이나 온갖 음해질로 유배지로 보내고 또 보
내고

얼마나 눈엣가시 같았기에

끝내는 한직으로 홀로 있는 연수원 부원장으로 유배
보냈다.

그래도 한 검사는 옷을 벗지 않았다

네 번의 유배지를 떠돌면서

서울 강남에 사는

가족과 생이별을 하고

그리고 생각했다.

문재인 좌파 정권 치하에서는

'감옥에도 가겠구나.'

그동안 많은 힘 있는 권세자들을 수사하고 잡아들였으니

얼굴이 알려지고 검사의 신분이 알려지면 감옥 안에서

'죄수들에게 심한 구타도 당하겠구나.

어쩌면 그러다가 평생을 감옥 안에서 못 나올 수도…'

그래도 그는 절망하지 않고 혼자 있는 연수원 부원장 자리에서 기타를 치고 때론 노래도 불렀다.

늘씬한 모델 이상의 쭉 곧은 커다란 큰 키에 너무나도 뛰어난 아름다운 용모가

그에겐 검사 이상의 자산이고 무기인 것이다.

거기에다 그를 도저히 능가할 수 없는 해박한 법학 섭렵에 범법자를 기어이 잡아내는 강인한 수사력, 그리고 그의 뛰어난 언어 구사력.

더불당 민주 국회의원들의 그 언어력과 법리학 실력 갖고는 장차 맞서본들 맞설 대상이 안 되었으니 말이다.

얼마나 자기 관리에 철저한지

그는 술도 마시지 않는다.

회식 자리에도 나가지 않고 그 시간에 책을 보고 문학에도 관심을 갖고 많은 단어를 함축해서 듣는 상대가 알아듣도록 하는 대단한 언변력의 기술자였다.

그는 신임 후배 검사들에게 말하였다.
"검사는 판사를 설득하고 국민을 설득하는 직업이다."

전 목사도 이 한 검사에겐 아무런 지적을 하지 않았다.
윤 총장도 마찬가지로 문재인과 그 좌파들을 향해 매일같이 폭포수처럼 쏟아내는
'이 개xx들아!'
하는 이 욕은 하지 않았다
그러나
거슬리는 점이 있다.

이 두 검사의 국가관은 도대체 무엇인가?

2006년도에
김대중이 김일성과 맺은 낮은 단계의 연방제를
2012년도에
노무현이 북한까지 찾아가서 김정일과 맺은 낮은 단계
연방제의 흡수 통일론을
2019년도에
기어이 자신을
'남쪽 좌파 대통령'
이라고 밝힌 문재인이 김정은과 만나

결국 나중 개헌을 통해서 우리나라 헌법 안에 있는
'유일한 자유 민주주의의 국가 정체성'을
북한과 나누어서 2인 체제로 운영하자는 좌파들이 요구하는
'대한민국「헌법」3조와 4조에 있는 조항을 드러내서'
완전 북한식의 사회 인민 체제로 가는 북한과의 연방제 통일로 가겠다는 약속을 하였다면 말이다.

우파 국민들에겐 죽음이고 사형 선고와 같아
먼저
'주한 미군이 철수'되고
'「국가보안법」이 철폐'되고
'국가정보원 방첩기관' 등도 해체.

윤 총장이 이 연방제 통일론을
"한번 검토해 보아달라고 했다."라는
일부 정치학자들의 증언도 나오고 있어

과연 그들이
'대한민국을 짊어지고 나갈 애국자'인가?
건국 대통령 이승만을
특히

6.25의 전쟁 영웅

'백선엽 장군 파멸법'

을 발의한

'좌파 국회의원들'에

분노하여

'그 법안을 박살 낼 의지'는 있는가?

박정희 대통령의 그 투철한

'애국심과 반공주의'는?

분단된 북한과의 대치에서

'오직 김정은 독재자 어린놈의 수석 비서관이 되어'

온 세계 국가 원수들을 만나기만 하면

'종전 평화 협정'을

가장하여

'남한의 민주주의를 연방제로 만들어서

북한에다 진수하려는'

이 오래전의 좌파 대통령들에 의해 준비된 계략 전술을

말이다.

이 문재인은 대통령 자리에 오르자마자 제일 먼저 일주일 만에 한 일이 이랬다. 언론 신문사, 방송국 전부를 장악하여 종북 좌파들로 속속들이 그 요소요소 자리마다 빈틈없이 속전속결로 채우고,

두 전직 우파 대통령들은 오랏줄에 묶어 법정으로 끌고 다니며 구속 시키고 그 형량을 삼십 년 이상으로 때려놓고

곰찍하게 지니고 있는 재산 액수보다 몇 배로 많은 수백억으로 모두 압류해서 강탈해 갔다.

동시에 우파 정권에서 일한 나라 재목들을 통틀어 옷을 벗기고 감옥소에 가두어버린 그 숫자가 지그만치 이삼백여 명이 넘었다.

이런 무소불위한 공산당의 피바람 숙청의 칼날을 적폐청산이란 명칭으로 실행한 이 문재인이 그리고 찾아간 곳이 광주의 5.18 묘역이었다.

그때 1987년 전두환 사령관이 특수 부대를 급파해서 5.18 광주민주화항쟁에 투입되어 진압하지 않았다면 과연 오늘의 대한민국 체제가 유지되었을까?

분명 단언컨대 5.18은 결코 전라도 시민 광주만의 순수한 민주화 운동이 아니다.

반드시 일부 대한민국의 전복을 노린 불순한 북한군의 간첩들까지 개입해서 일으킨 폭도들의 거사이다.

안 그러면 어떻게 하루아침에 무기고 수십 군데를 미리

알고 기습해서 무기들을 탈취할 수 있었느냐는 것이다.

거기다 국민들의 안보와 안정을 지키는 광주 파출소 수십여 군데를 또 순식간에 기습해서 경찰들을 무장 해제시키고 빼앗은 그 무기 등을 들고나와 광주 거리를 무법천지로 만든 이들을 진압하러 급파된 대한민국의 특수 부대 군인들을 향해서도 탈취한 버스들을 몰아 밀어붙이고

'무기를 버리고 협상하자'는

군인들의 요구를 묵살하고

오히려 사기가 충만하여 참혹하게 양쪽 군인들과 폭도들 사이에 벌어진 총격전으로 인하여 억울하게 희생된 광주 시민들의 시체를 밟고 넘으면서 그 폭도들이 부른 이 노래,

「님을 향한 행진곡」과 함께

그 여세를 몰아 서울까지 진입하려던 그 저의가 과연 민주화를 위한 광주의 항쟁이냐는 말이다.

그 후 그 의구심이 그들이 그 광주민주화항쟁에서 흘린 피의 대가를 혹독하게 수십 년째 국가로부터 받아내고 있는 그 엄청난 금액들의 보상금들이다.

그리고 끊임없이 더 큰 혜택을 정부로부터 받으려고

반복해서 요구하는 욕심만을 부리고 있다는 이 점이다.

국가 정부로부터 얼마나 더 많은 보상금을 받아내야 그들의 목구멍 안까지 가득 찬 물욕에 대한 욕심을 충당시킬 수 있을 건가?

더더욱 터무니없는 건 그날의 희생당한 명단들은 일절 밝히지 않고 해마다 그 5.18 희생자 명단을 기하급수적으로 늘려나가면서

아예 오늘날 국회 안에선 5.18을 성역화해서 누구든 그 5.18에 대한 그 민주화 자체에 대한 의구심이나 이의 제기를 못 하도록 헌법 안에다가 그 정신을 게재하겠다는 법안의 상정이다.

그리고 분명히 적기할 것이 왜 좌파 정당 더불어민주당만이 그 광주민주화항쟁의 접견만을 허락하고, 그 정의구현 사제단을 비롯한 천여 개도 넘는 좌파 시민 단체들에게는 5.18 묘역에 들어가서 참배하는 권리는 허용하는 반면에 말이다.

우파 국회의원들이나 우파 정당 시민들은 물론 우파 대통령들까지 얼씬도 못 하게 그 진입로부터 가로막아 서는, 수십 년이 지나서도 조금도 변하지 않는 이 편향된 좌파들의 행패야말로 굳이 설명해 주지 않아도 이미 그쪽 진영에서 드러내놓고 정답을 내어놓고 있다는 것이다.

그렇기 때문에 문재인은 대통령 자리에 올라 취임식을
하자마자

'5.18 묘역'을 찾고
'제주 4.3 사건'을
지칭해선 우파 보수 정당과는 전혀 다른 상반된 이념
으로
'먼저 꿈꾸다가 대한민국 군, 경찰 등에 의해 학살당한
억울한 죽음'이라고
사기 쳤다.

그 후 김정은과 만난 도보 다리에선 남한의 모든 군사
기밀과 원자력 발전 등에 관한 핵심적인 국가산업 기술
이 담긴 정보들을 모두 건네주고
휴전선 철책을 없애 버려서 아예 언제든지 마음 놓고
북한군이 쳐들어오라고 길을 터주고
한·미연합군이 군사 훈련을 하지 못하게 하늘길도 뜨
지 못하게 제한하였다.
이런 철저히 위장된 남쪽 대통령이 되어 남한 땅의 모
든 군사력과 반공 사상 간첩 잡는 기무사와 방첩대 국
정원을 모두 무기력화해서 차근차근 해체시켜 버린 이
대한민국이 모조리 대법원 사법부까지 공산화되었다는

이 사실을 몸으로, 가슴속으로 뜨겁게 철저히 다 직시하고 알고 있는가 말이다.

의문투성이다.

왜 오늘날 3.1절 날에 이승만 대통령은 사라지고 오직 김구, 안중근, 유관순 등의 열사 사진들만 행사장에 나부끼는가?

내가 이 두 검사의 국가관을 알아볼 때다.

밤낮 지겹도록 두고두고 그 얼굴에 그 얼굴들이

수십 년간을 오직 대통령 병에 걸신들린 이

'여의도 정치판에서만 굴러먹은 똑같은 그 정당에 그 인물'들에

아예 이에 신물이 나서

'5년이 지나 치러지는 대통령 선거 때마다 또 나오고 떨어져도 또 나오고'

이 포기할 줄 모르는 물귀신 같은

'그 나물에 그 밥'인

이 대통령 후보들의 자격이나 인물 됨됨이에 그야말로 싫증이 나고 염증이 나서 짜증이 나는 이 지겨운 판에

이제 막 오르기 시작하려는 2021년 대선의 해가 돌아왔으니 새로운 대통령 상품에 갈증이 폭발해 버린 묵은

감정들을 드러내놓고

'윤 총장 대통령'

이 구호가 국민들 사이사이에 거침없이 퍼져 나가는 판이니 말이다.

선지자 전 목사의 철저한 국가관의 검증이 필요하였다.

그런데 윤 총장이 먼저 치고 나왔다.

뜻하지도 않은 퇴마사가 되어 대한민국을 뒤덮고 있는

'간첩의 대왕 신영복의 유령'

'김원복의 유령'

'김대중, 노무현'과

반일 감정을 부추겨서 일제 강제 징용으로 끌려가서 죽은 그

'징용공 유령들까지 동원'해서

오직 과거사에만 매달려서 죽기 살기로 이 유령들의 굿판으로 나라 전체가 하루도 잠잠할 날이 없으니 말이다.

이 유령들을 앞세워서 국가 전체를 붉은 좌파 세력으로 망가트리는 문재인의 이 악행들을 차단할 방법은 오직 윤 총장 자신이 퇴마사가 되어서 이 악귀들을 물리칠 방법밖에 없다는 걸 알게 된 것이다.

그래서 이 유령들을 물리칠 퇴마사 검사들을 암암리

에 불러들여 자신의 주변으로 모아들이기 시작하였다.

대한민국 전체가 비정상이 된 국가에서 정상 국가로 하루속히 되돌려 놓지 않으면

결국은 흡혈귀같이 국민들의 피 같은 혈세 세금으로 오직 국가의 권력을 쥔 그 목적이 국민들은 안중에도 없는 특혜만을 누리려는 이 야바위꾼 같은 여의도 법에만 물든 부패한 정치인들이라니 말이다.

'뭐? 어째?'

국민들은 겨우 인구 십칠만 명에 한 명꼴인 국회의원 숫자부터 줄여야 국민들이 허릴 피고 살겠다고 아우성들인데

아예 온갖 비리투성이

칼만 안 들었지

이 날강도 소굴 같은

'300명이 많다고'

'200명!'

그보다 확 더 확 줄여야 한다는

'100명으로'

해야 한다는 국민들의 여론들이 빗발치는데도 말이다.

누구 부아통을 내질러 곤두박질치게 만들려는 안하

무인의 이 여의도판에서들 끼리끼리 모여 도대체
'국민들을 위해 해놓은 일들이 무엇이 있다고'
감히
그 자격도 안 되는 비례대표를 더 뽑아 국회의원 숫자
를 300명에서 50명을 더 늘리는 350명을 만들겠다는
여야 대표들이 머리를 맞대고 합의했다니 말이다.
또 매번 들고나오는 그 단골 내각제 타령에 또 북한과
나누어
'2인 체제하'에
한 국가 안에서 이 개혁이란 개나발을 불어대기 시작
했다.

모두 쓰레기통에 처박아도 시원찮은 일부
'개만도 못한 것'들이

터진 입으로 내뱉는 말들이란 게 한결같은 한통속으
로 자기들 잇속들만 챙기는
'그 얼굴들 두껍기가'
단단한 거북이 등껍질 같으니 말이다.

국민들은 당장 내일 갚아야 할 빚 독촉에 시달리고
칭얼대는 어린 자식들의 먹일 것이 없어 수대로 거리

로 나가 빈 보루박스라도 주워서라도 하루하루 생활비
를 보태가며 겨우겨우 생명줄을 놓지 못해 연명해 나가
는 판인데 말이다.

국회의원 배지만 달면 나라에서 주는 비서관들에, 자
가용 차에, 운전기사에, 9명이 넘는 보좌관들에, 가진
온갖 후원금에다 때마다 줄줄이 나오는 특별비, 외국
나들이 원정비에

기가 찬다!

국가 세금으로 지출되는 한 달 비용이 자그마치 국회
의원 한 사람에게 딸린 인건비를 포함하면 7, 8억이 나
간다니 말이다.

대한민국을 건국한 이승만과 그 아내 프랜스치카 여
사는 영부인이 되어서도 근검절약하느라고 해진 옷을
기워 입고 또 기워 입고 하였다.

눈물겹게도 중앙정보부 안가에서 1979년 10월 26일 늦
은 저녁 오후

그 청순하고 가녀린 청아한 목소리로

목련꽃처럼 기품 있고 우아하면서도 조신하고 아름다
웠던 육영수 영부인을 8.15 광복절날 뜻하지 않게 북한
에서 보낸 좌파 간첩 문세앙이 쏜 총탄에 단상에 앉아

있다가 그 흉탄에 쓰러지고 떠나보냈다.

그 이후에 자신을 부를 때도 차마

'여보'

라는 아내라면 당연히 불러야 할 이 남편을 향한 부름으로 부르지 못하고 조신해서

'저기요'

하고 남편을 부르며 찾던 그 아내 육영수를 잊지 못해

국정 업무가 끝난 뒤 텅 빈방 외로이 혼자 남겨져 아내가 떠난 그 빈방에서 소파 등에 쪼그리고 누워있다가 심수봉이 부른

'「그때 그 사람」'

노래가 듣고 싶어서 초빙하여 곁에 앉혀놓고 그 노래를 듣고 있는 도중에 중앙정보부장 김재규가 쏜 총탄을 맞고 쓰러질 때 비스듬히 누운 박정희 대통령의 그 피가 낭자한 가슴과 그 해어지도록 입고 입은 허름한 바지와 하도 오래 사용해서 도금이 모두 벗겨진 넥타이핀

그리고 시곗줄이 다 닳도록 오래 차고 다닌 그 낡은 팔목시계며

아내를 떠나보낸 뒤 너무 초라한 밥상 앞에 놓인 식사조차 제대로 하지 못해 바싹 야윈 너무 말라서 가벼워진 체중으로

오직

‘내 일생 민족과 조국을 위하여’

이 구호를 내걸고 화장실 물도 아껴서 쓰신 검소한 절약 정신이 온몸에 배인 이 박 대통령이

비스듬히 쓰러지면서 기댄 심수봉의 품안에서 피가 솟구쳐서 낭자하게 흐르는 박 대통령의 온몸을 부둥켜 안고

“각하, 각하! 괜찮으십니까?”

울며 울부짖으며 묻는 심수봉에게

“응, 나는 괜찮아.”

마지막 이 말을 남기고 떠나신 그 마지막 길을

‘매국노, 친일파, 독재자’란

누명을 있는 그대로 내리 씌워놓고 온갖 악한 저주의 말을 퍼붓다 못해

‘무덤을 파헤쳐서 다시 끌고 나와 능지처참을 해야 한다.’

라는 이 종북 좌파들의 패역무도한 살기들 앞에선

도저히 이들을

‘이대로 대한민국 안에 국민으로 대우하고 혜택받는 것 등을 더 놔두고 보았다간 안 되겠구나.’

하는 결연한 결단을 내리게 된 것이다.

그래서 윤 총장 역시

‘내 일생 조국과 민족을 위하여’

대한민국을 구할 대통령으로 되기로 결심한 것이다.

그래야만 오직 여의도 정치 물에 때 묻지 않은 윤 총장 자신만이 절대 비정상적인 이 모리배들에게 함락당한 이 엄혹한 대한민국을 그 케케묵은 정치 이념에 사로잡혀 자고 나면 날 새기가 바쁘게 지금이 어느 시대라고 그 개도 안 물어 갈 죽은 간첩 신영복과 김원복 등을 비롯한 그 지긋지긋한 반일 감정으로「죽창가」를 들고나와
오직 나라를 사랑해서

그 한 몸
불철주야 노심초사한 이승만과 박정희를 또 육영수 영부인을 총탄으로 잃어버린 그 아픔을 보수 우파 백성들은 울음을 참아내며 아직도 가슴속에 그 원한의 상처를 잊지 않고 부여잡고 사는데 말이다.

이 대한민국에 살 자격도 없는 이 후안무치한 좌파들이

독일 광부들을 찾아가서 함께 타지에서 조국을 등지고 그 컴컴한 수백 미터의 석탄 갱도 안 지하굴로 들어가서 일하면서 번 돈을 모두 조국이 있는 가정으로 보

내느라고 그 시커먼 석탄가루로 뒤덮인 검은 얼굴, 검은 복장으로 나와

이런 독일에 파견된 광부들을 찾아오신 대통령 내외분 앞에서 같이 애국가를 부르면서 목이 터져라 울고

그때 기피하는 사체를 닦아가며 외화벌이로 광부들과 함께 독일로 파견된 여자 간호사들도 육영수 여사 앞에 그 인자한 품에 안겨 울던

그 가난 때문에 외국에까지 외화벌이를 위해 그 칠흑 같은 어두운 갱내 안으로 날마다 목숨을 내놓고

언제 무너질지 모르는 그 광산 갱도 안에 들어가서 일하는 광부들과 간호사들을 두고

함께 돌아오지 못하고 조국으로 돌아오는 비행기 안에서

또 갈아탄 차 안에서 목놓아 울고 또 울었다는 이 보수 우파 박정희 대통령과 이승만 대통령을 그런데 갈가리 거리로 끌고 나와 찢어 놓다 못해

이 대한민국의「헌법」

자유민주주의와 시장 경제 한·미동맹을 거부하는 이 국가 반역자들을 반드시 이 대한민국 안에 살 수 없도록 용서하지 않고 척결해야 한다는 비장한 각오였던 것이다.

그런데 놀랍게도 보수 우파 백성들이 이 윤 총장의 마

음을 미리 알아차린 것이다.

가슴 속에 여전히 수십 년이 지나도 또 백 년이 지나간들 죽지 않고 살아있는 이승만과 특히 박정희 대통령을 너무도 **빼다** 닮은 윤 총장을 놀랍게도 알아보고 열광하는 것이었다.

'조국을 위해 일하다 죽은'
박 대통령이 죽어서도 눈을 감지 못하고 지하에서 지켜 보고 있다가 윤 총장을 만나자마자 그를 통해
'다시 무너진 조국 대한민국을 중흥시키려는 혼령이 되어 돌아오신 것'이다.
이렇게 철석같이 굳게 믿게 된 것이었다!

한편
전 세계가 부러워하는 대한민국의 모든 경제 발전으로 인한 풍성한 열매는 모두 독차지해서 따 먹는 이 좌파들의 맹주 586, 386 운동권 출신들이 이젠 문재인 대통령만이 아닌 국회 안까지 다 점령해서 국회의원 배지들을 달고
「국가 보안법」폐지'를
외치고
주한 미국 대사관에 불을 지르는 방화범 전교조와 좌

파 언론, 수천 개도 넘는 시민단체, 민노총 등의 뒷배경
이 되어주며 북한 괴뢰 집단이 내리는 지령 그대로

　돌아오는 대선 총선 때는 아예 문재인보다 더한 쌍스
러운 인성으로 몰염치의 극치

　패거리 범죄 집단의 비리투성이에

　총각 행세로 2년여 간 여가수와의 무상 연애에다 형
의 부인 형수에게 무시로 전화를 걸어

　"야! 이 씨팔년아, 너 내가 북한 통전당과 결탁해서 남
한 땅 전체를 김일성 장군의 생가인 만경대에다 바치겠
다고 충성맹세 했다고 말하고 다닌다는데?"

　"내가 언제요? 나는 그런 말한 적 없는데요. 누가 그럽
디까? 내가 그런 말 하고 다닌다고요?"

　하다가

　"아이구 허긴 형수인 내가 말 안 하고 다녀도 알 만한
국민은 다 압디다. 본인만 모르고 있지."

　"뭐야? 너 내가 칼로 그런 말하고 다니는 네년 아랫도
리 그 x구멍을 칼로 쑤셔 찢어버리면 좋겠니?"

　이 끔찍한 욕설을 시도 때도 없이 퍼부어

　'찢죄만'

　'형보수'

　가 그의 대명사가 되고

　그렇게 지적을 하고 능멸을 하는 보수 유튜브들과 같이

자신을

'너 이 새끼 내가 네놈이 성난 시장 되기 이전부터 북한에서 주는 공작금 수백만 달러에다 이 일을 알고 고발하려는 우파 시민들을 포함해서 강제로 정신 병원에 입원시킨 숫자가'

65명 이상인 걸 알고 있고

주변에 포위한 인물들을 동원해서 대장동 비리, 백현동 비리, 성남 FC 축구단 후원금 비리 수천억을 나중 대통령 후보로 나설 때 선거자금으로 저수지에 감춰둔 걸 아는 중개사인

형 이재순이 드러내놓고 밝혀내서 터트리며

"너는 그 날로 네놈이 대놓고 전 국민을 속이고 이북에다 퍼주고 있는 대북 송금까지 들통나면 감방으로 간다는 걸 알지?"

그런 다음

'이 새끼야, 넌 그것도 모르고'

미혼모 여가수에게 자식 둘까지 있는 신분까지 속여가며 총각이라고 일 년 반 동안을 생활비 한 푼 보태주지 않고 무상 연애질만 해대다가 가정이 있는 유부남이란 게 들통나자

"난 그 여자 모르는데요? 내가 그 여가수 집을 드나들었다는 무슨 증거나 증인이라도 있습니까?"

딱, 모르쇠로 잡아떼고

이에 격분한 여가수가

"아니, 내가 같이 살고 내 아파트에 와서 수시로 잠을 자고 같이 누워 벌거벗은 신체 부위에 남자 성기에 난 붉은 점도 어느 쪽 부위에 있는 특징도 다 아는데."

하며 울고불고

한때는 너무도 사랑해서 지금도 그 살을 맞대고 산 그 정을 못 잊어서 배신감에 총각 행세를 해가며 실컷 일, 이 년이 넘어가도록

'날 새는 줄 모르고'

'아, 그 밤이 좋았었네.'

이 단꿈에 빠져

'그대 내 곁에 선 순간

그 모습이 너무 좋아'

이십 대 후반에 미혼모가 되어 나이 사십이 가까워지면서 거의 무명이나 다름없던 그 생활도 다 떠나보내고

오직 사랑에 굶주려 어쩌다 유부남을 만나 사랑에 취해

술잔을 마주 잡고

사랑의 노래를 붙잡고

남자, 남자,

술에 취해 부르던 이 노래와

'여보, 여보'
부르던 그 짧은 시간도 다 가고

　그 후 중년도 다 지난 여자 나이 사십 줄도 넘어가는
그 허전한 가슴에 어느 비 오는 날이다.

　노무현이 부엉이 바위에서 뛰어 내려서 유명을 달리한
그 갑작스러운 부고에 한창 좌파 시민운동가로 활약하
며 박근혜 머리끄덩이를 끌어 잡고 박근혜 대통령의 나
체 사진을 그림으로 그려 국회의사당 안에 전시하고 이
박근혜 탄핵에 가장 선두에 서서
'박근혜를 끌어내려라.'
　모두 노도와 같이 이성을 잃고 광분하여 국민들이
'촛불을 들고'
　미쳐 날뛰는 그 집회 현장에 함께 있었던 여가수가 단
상에 올라 연설하는 이죄만을 마주치게 된 동기가 되어
직업이 변호사란 직함만을 밝히고 총각이라는 달콤한
고백에 속아 안 그래도 유부남을 만나 사랑해서 자식
하나를 낳은 자신을 두고 훌쩍
　날개가 달린 제비처럼 날아간

　당신은 제비처럼 반짝이는 날개를 가졌나 봐.

다신 돌아오지 않는 님이여.

술에 취해
술잔을 붙잡고 사랑에 노래를 붙잡고
남자, 남자
떠나간 남자를 원망하며 다시는
'불꽃을 피우리라.'
하고, 사랑을 나누던 그 애정도 모두 가정이 있어 돌아
가는 집비둘기여서 학을 떼고

이젠 다시
'제 가정이 있는 유부남하고는 만나지 않으리라.'
맹세하고 지내다 만난 총각이어서 이젠
'날 두고 떠나는 일이 없겠구나.'
하고 정말 사랑해서 온갖 여름이면 더울세라 들입다
그 아끼고 절약하느라고 틀지 않는 에어컨을 틀어주고
겨울이면 난방비를 아끼지 않고 온 방 안을 뜨겁게 달
구며 그와의 사랑만을 갈구해서 영원히 죽도록 사랑해
서 헤어지지 않으려고 온 정성을 다해 음식상을 차려
주며
"사랑해, 자기. 정말 사랑해. 자기도 그렇지?"
그런데 어느 날부터인가 새벽이면 일어나서 그 붉은 점

이 있는 남자 성기를 벗고 자던 쌍방울 팬티를 찾아 주
워 입고 부지런히 쌍방울 팬티만이 아닌 양말과 바지와
넥타이를 맨 반듯한 양복으로 갈아입고
"나 갈게."
하는 인사가 불안해서
"아니, 총각이라서 이렇게 이른 아침에 잠에서 깨어 너
를 바라볼 수 있다면
노래를 불러 주던 이 총각이
부랴부랴 돌아갈 가정도 없을 텐데
왜 요즘 이른 아침이면 눈을 뜨고 일어나서 옷을 주워
입고 자꾸 쫓기듯 시간을 봐가며 떠나가고 있어?"

술잔을 붙잡고
사랑의 노래를 붙잡고
남자 남자 남자의 약속이 미워요

이 노래 가사가 떠올라서

"당신, 혹시?"
"그래, 난 가정이 있는 유부남이야. 그러니까 봉순이
넌 날 오늘부터 모른다고 해."
"뭐? 야! 이 개놈아! 나더러 오늘부터 널 모른다고 해?"

너무 기가 막혀 죽기 살기로 그 바짓가랑이

붉은 점이 있는 이죄만의 성기를 감싸고 있는 쌍방울 팬티만을 줄곧 주야장천 입고 와서 벗어놓고

그 허여멀금한 얼굴로 들이대던 이죄만의 바짓가랑일 붙잡고 늘어지며 울면서 애원했다.

"가지 마! 가지 마! 날 두고 간다니. 난 이제 네가 떠난 이 휑한 이 방 안에서 어이 살라고. 네가 안아주고 애무하던 이 이부자리 침대 여기에서 우리 그럴 때마다 하늘을 날며 서로 취하여 울기까지 했잖아. 응? 기억해 봐."

"안 돼, 기억 안 나."

"왜 안 돼, 왜 기억이 안 나? 이 x팔 놈아! 그래 나는 너를 이렇게는 못 보낸다. 이렇게 엊그저께 한 일도 잡아떼는 그 네놈의 상습적인 기억상실증을 내가 바로 잡아 다시 되돌려 놓을 때까지

이 의리라곤 홍어 좆만도 못한 이 개자식놈아.

그동안 내가 네놈한테 받은 거 하나 없이 몸 주고 사랑 주고 더 이상 줄 것이 없을 만큼 매번 주면서 사랑만 베풀었는데."

"그래, 이 한물이 가도 한참 간 미혼모 년을 그래도 여자라고 상대해 준 걸 고맙게 알고 추억으로 삼고 다신 날 그동안 우리 둘이 불렀던 여보, 당신 이따위 구역질 나는 소리 따윈 다신 입 밖에도 내지 말고, 혹여 날 찾아

오거나 못 잊어서 찾아왔다 가도 백 미터 바로 눈앞에
두고 내가
 '마주 앉은 사람이 누구인 줄 몰라도
 행복해하는 그 모습을 보고

 나는 그냥 돌아설 수밖에 없었다.
 그 사람을 바로 백 미터 앞에다 두고'

 이런 식 노래 가사처럼
 이 x브랄 년아."
 그리고 떠났다.

　그제야 온갖 가짜 총각만이 아닌 검사 사칭에다 대장
동 땅 투기로 김만보라는 주위 복심 사람으로 심어놓은
일당들에게 수천억 원을 벌게 해서
 '앞으로 대통령 선거 자금으로 이용해서 대통령이 되
어 나라 전체를 이런 땅 투기 식으로 말아 먹자'는
 이 동생의 무서운 계획과 비리를 아는 중개사 이죄만
의 형 이재순이 그 후 이죄만 주변에서 연달아 일어나
는 그 의문사의 죽임을 당하는 첫 희생자가 되었다.
　그 한결같은 좌파들의 특기인 감성팔이 감정팔로

'어릴 때 집안이 가난해서 소년공이 되었다.'

라는 주장질을 하고

찢어지고 다 닳아빠진 헌 구두, 헌 운동화, 뚫린 양말 구멍 등을 내보이는 깜짝 국민들을 속여 먹는 이벤트 쇼나 벌이면서

'가난 때문에 어릴 적 소년공이 되어서 공장에 들어가 일하다가 기계에 말려 들어간 왼쪽 팔을 다쳐서 불구자 장애인이 되었다'며

그때 공장에서 일하다가 다친 팔이 구부러져서 힘을 못 쓰고

골프도 못 치고

무거운 물건들도 못 들고

망치질도 못 하고

그래서 군대도 못 가고.

그런데 이 가난한 소년공이 나중에 사법시험에 합격해서 변호사가 되고, 그 이후로 성난 시장 두세 번에 도지사까지 되었다는 신화적인 주인공이 되어 그 혜택을 톡톡히 누리는 주인공 자리도 모자라 신파조로

'이 다쳐 구부러진 왼쪽 팔을 감추기 위해 한여름에도 긴 소매가 있는 와이셔츠만을 입는다'는

그 팔로 선거 때마다 그 소년공 때 다쳤다는 그 구부러진 팔을 무기 삼아 유권자의 동정심을 유발해서 유권자의 표를 긁어모으는 그가 말이다.

국민들 유권자가 안 보이는 뒤에서는 힘이 넘쳐나서 구부러져서 힘을 못 쓴다는 그 팔로

'골프도 들입다 잘 치고'

'망치질도 잘하고'

성난 시장 때는 사기 당한 대장동 토지 보상금 문제로 쏟아져 나와 항변하는 성난 시민들을 향하여

"어디에다 감히 시장 바닥에 앉아 물건이나 파는 이 허접한 잡상인 여편네 것들이

시장실에 몰려와 행패질이야!"

고래고래 소리 지르며 눈알이 뒤집혀서 넥타이를 풀어 제치고 시장실 직원들을 동원해서 모두 성난 시민을 길바닥으로 내쫓고 직접 싸움꾼이 되어 언어폭력을 휘두르며

"야! 저 시장 잡것들을 이 성난 시장인 나한테 반말하고 대드는 죄명으로 모두 경찰서에 고발해서 잡아들여!"

잘도 외국에 나가서는 해가 지도록 며칠씩 외유를 즐기며 그 비싼 유람 보트를 타고

유유자적 골프를 치고 돌아오는 이 위선투성이 야바
위꾼 이죄만을 말이다.

윤 총장은 달랐다.
청빈한 검사 윤 총장은 검사 생활 이십 여년 동안에
가진 돈이란 이천만 원이 전부였다.

맞선을 보러 나온 윤 총장이 오직 한 벌뿐인 허름하
고 통이 넓은 헐렁한 바지를 입고 나온 그 양복 차림새
를 보고
이렇게 청렴하게 살아온 검사에다
사람들과 만나기를 좋아하고
만나서 이야기를 나누는 것을 좋아해서
음식을 사 먹이고
선·후배 경조사엔 빠지지 않고 모두 챙기는 의리파였
으니 말이다.
그런데다 어느 자리에든 분명한 검사의 신념에 찬 확
고부동한 처신을 해왔기에
어떤 법 잣대로 들쑤셔 보고 뒷조사를 해봐도 전혀 흠
결이 없는 결백한 모범 검사였다.
문제는 큰 앞 배를 자신 있게 내밀고서 성큼성큼 듬직

한 체격으로 입을 꽉 다물고 쾅 쾅 지축을 울릴 만큼 큰 발자국으로 걷는 그의 걸음걸이가 보기에 따라선 마치 어느 집단의 보수 같은 으스스한 위압을 주는 그런 걸음걸이였지만

그의 이런 걸음걸이가 그를 좋아하는 국민들 눈에는 오히려 정치권들이

'검사가 깡패냐? 걸음걸이도 그따위 식으로 걷게?'

못마땅해서 트집을 잡고 늘어지는 못돼 처먹은 정치 비평가들과는 달리 국민들에게는 오히려 그의 특이한 걸음걸이마저 너무 좋아해서 그가 가는 곳마다 미리 인산인해를 이루고 장사진을 치고 서로 손을 내밀고 잡아 달라고 아우성을 치는 인기남이 되어갔다.

그러니 오직 좌파 정치인들 눈에는 미움 증오의 대상이고, 대통령 후보로 나설 보수 우파 정치인들에게도 경계해야 할 요주의 인물이었다.

갈수록 국민들 사이에 높아지는 그의 인기는 맞선녀로 나온 거니에게도 마찬가지였었다.

그러니까 십여 년 전

부유한 가정에서 자라 인성이 반듯한 거니, 그녀만큼 윤 총장도 가정 교육이 반듯한 연세대 교수 아들로 태

어나서 아주 어린 시절 열 살 무렵 초등학교 이, 삼 학년 때쯤 보내준 여름 방학 성경 학교에서 한 밤을 보낸 그 다음 날 보낸 부모님 전 상서에 이렇게 적었다.

"하룻밤을 어머니 아버지 부모님과 떨어져 지냈는데 이렇게 보고 싶고 그리운데
내가 커서 외국 유학이라도 간다면 어떻게 부모님이 그리워져 견딜 수가 있겠습니까?
오늘 나는 선생님의 말씀 잘 듣고 성경 학교 친구들과 사이좋게 지내면서 저녁에는 배가 고파 밥을 세 그릇이나 먹었습니다.
하나밖에 없는 내 누이동생도 잘 지내는지요?
그럼 이만 글을 놓겠습니다."

가족을 사랑할 줄 알고 가족의 존중함을 아는 이런 반듯한 예의 바른 인성과 가정 교육을 받고 자란 윤 총장과 같이 훌륭한 가정 교육을 받고 자란 인성의 맞선녀 거니도
'이 남자를 내가 구해주지 않으면 오십이 넘도록 장가도 못 가겠구나.'
오직 천직으로 여기는 검사 생활에만 몰두해서 저 비상찮은 후덕한 인물에

'남자가 웃을 때 입술 위 양 볼 쪽으로 살짝 보조개가 패이고 말할 때도 복스럽게 보조개가 드러나는 귀인상'이어서

좌우에 선을 보자는 처자들이 많았을 텐데도 어찌어찌 망설이고 피하기만 하던 이 맞선 자리에 나와서 이 매력 있는 검사가 비로소 여자와 함께 결혼해서 살고 싶은 그 의사를 보이다니.

한 번 보고 두 번 만나 보는 사이에 정이 들고 만나 볼수록 거짓이란 전혀 없는 너무 신뢰가 가는 남자여서 거니는

'내가 평생 당신을 위해 밥을 해 주겠다'는

그 약속에 허락을 한 것이었다.

검사로만 살이 온 그가 그 검사 직업과는 전혀 동떨어진 그 큰 어퍼컷을 날리는 주먹을 쥔 큼직한 손으로

'밥을 해 주겠다'는

이 엉뚱한 어울리지 않는 제안에 그만

'호호호'

웃음을 터트리고 한참은 이 말을 해놓고 자신도 이 제안한 말이 쑥스러웠던지 같이

'하하하'

따라 웃는 그의 호탕한 웃음소리에 맞선녀 거니가 반한

것이다.

준재벌에 가까운 큰돈을 주식 투자로 돈을 모은 그
녀가 나이 사십이 넘어 열두 살이 많은 윤 총장을 만
나 결혼식을 올리고 아이를 무척 갖기를 원하는 대로
임신을 하여서
"아기를 낳으면 내가 포대기에 싸서 날마다 출근할 때
업고 다닐게."
하고 기뻐하던 그 아기가 그만 태어나기도 전에 유산
되었다.
이 일로 두 부부는 너무 타격이 커서 식음을 전폐하고
낙심한 나머지 다시 아기를 가지려고 백방 노력해 보았지
만 다 허사가 되고 두 번 다시 아기를 임신할 수 없다는
청천벽력 같은 사실을 알고 충격을 받고 등에 욕창이 나
도록 부부가 같이 낙심천만해서 앓아누웠지만
시간이 지나면서 아이에 대한 희망은 버리기로 하고
다시는 두 사람 사이에 아이에 대한 바람이나 이야기는
하지 않았다.

제 2 부

만약에 말야 우리

만약에 말야 우리
60대 70대 80대가 없었다면

만약에 말야 우리
대구 경상남북도가 없었다면

아 아 아 아
우리
모두 이민을 가야 했겠지!

조국을 떠나
유랑민이 되어

너도 나도
좌파들을 피해
주사파를 피해

2022년도에 치를 대통령 선거에서 보수 후보가 낙
선하고
또다시 문재인 정권이 종북 주사파로 넘어간다면
말이다.

어떻게 사나
우리 우파는 빙글빙글 돌고
여울져 가는 저 세월 속에
대한민국을 떠나 살 수밖에

만약에
이모
이모가 없었다면 전광현이 과연 1980년도에 서울로
올라올 수 있었을까?
경상북도 봉하군 봉화읍 깊은 산골짜기에서 태어난
고등학교 2학년생 18세가
그것도 초등학교 일 학년 62명 반 전체 중에 61등이
그의 성적표인데

전 씨 사 대손 종손이어서 한글조차 볼 줄도 쓸 줄도
모르는 농사꾼 어머니 임이자의 오직 소원은 단 하나.

'네 애비나 나나 모두 글이 짧아 맏아들인 너만큼은
어떡하든 집 외양간에 있는 소 세 마리에 논 열 마지기
있는 걸 다 팔아서라도 공부시켜 면서기가 되는 게 이
애미 소원'인데
초등학교 일 학년 62명 반 전체에서 맡아놓고 받아 오

는 성적표가

수 우 미 양 가에서

'가 가 가 가'

내리 6학년까지 반 전체 꼴찌에서 겨우 한 명만 앞선 61등이라니

'가 가 가 가'

'가길 어딜 가냐, 맨 날 가 가 가 가.'

그런데 이 성적표가 가르쳐주는

'가 가 가 가'

가 기적을 일으켰다.

이자의 바로 밑에 여동생 이모가 서울에서 모처럼 일, 이 년 만에 전화가 온 것이다.

"언니, 이자 언니, 나야 이모."

"뭐? 이모?"

속에 천불이 나서 부엌 아궁이에 쿡 쳐박혀서 소죽을 끓이며

"아이구! 내 팔자야. 남편 복도 없는 년이 자식 복도 지지리 타고나지 못해. 어쩌자고 꼭 공부 머리마저 제 애미 애비를 쏙 빼닮아서 내가 대통령을 바라는 것도 아니고

경상북도 봉화군에 있는 면서기만이라도 되는 게 내

소원인데."

　매번 정월 보름날에 정화수 장독대 앞에 떠다 놓고 칠성님께 빌며

　"내가 제 덕 보겠다는 것도 아닌

　오직 우리처럼 이런 촌구석에나 처박혀 사는 농사꾼이 되지 말고 그래도 국가에서 월급 주는 돈 꼬박꼬박 받아먹는 편한 공무원이 되어 제 앞가림 하라는 부모 마음인데."

　아궁이에 불을 때던 부지깽이를 들어 냅다 울분을 토하며

　"버스라고 하루 서너 대, 그것도 제시간에 오기를 하나 그 버스 시간 못 맞춰서 늦기라도 하면 책가방 걸머지고 십리 길을 달려 학교에 가는 이 불편한 촌구석 생활이 우리 시대에는 견디고 참고 살았다고 하지만 앞길이 구만리 같은 창창한 젊은 놈들은 도시 맛을 보며 살아야지. 군청이 있는 봉하군만 해도 신작로도 생기고, 훈련 나온 군인들 지프차도 다니고 젊은 배운 아가씨들도 군청 안에 여럿 있던데."

　여섯 살 넘어 겨우 광땡이 똥광, 비광 뭐 이런 고스톱칠 때 흑싸리 쭉정이만 매번 잡히는 애 아버지가 광 끗발 붙으라고 광현이를 낳자마자 이름을 지어야 하는데 짓지 않고 몇 년씩 이런 이름으로 번갈아 바꿔가며 자기

부르고 싶은 대로 질러대며 부른다는 걸 알아챈 면서기 호적 담당자가 직접 군청과는 십 리도 더 떨어진 봉화읍 마을로 찾아온 것이다.

그때 발목을 논물에 담그고 모포기를 심던 전재수를 향해 면서기가 두 손을 나팔통처럼 모아쥐고 불러댔다.

"어르신!"

"뭬야? 어르신? 저놈이 내가 늙은인 줄 아나? 이제 삼십을 갓 넘긴 젊은 나한테."

벨이 꼬여 대답하지 않는 전재수를 향해 면서기가

"다름이 아니구요. 도대체 호적에다 어느 이름을 올릴 겁니까?"

똥광, 광땡, 비광 이런 이름을 주욱 나열해 놓고 간 호적 이름들이 떠올라서 한마디 농담 삼아 거들었다.

"아예 그럼 흑싸리 겁대기는 어떻습니까? 이번 호적 이름 정리해 드리는데 쭉정이 흑싸리 껍질요!"

"에이!"

화가 치밀어서 모포기를 심던 논에서 나온 전재수가 펄쩍 뛰었다.

"내가 매번 농한기 때 마을 사람들 하고 심심풀이 삼아 화투판을 돌리는데

그 바라는 광땡, 똥광, 오광은 죽어라고 안 걸리고 그 육실할 놈의 쭉정이 흑싸리 패 껍질만 내리 붙어서 매번 광

바가지에 피똥을 싸는데!"

"아, 그래서 열 받아서 아이 이름을 몽땅 광땡으로 짓고 부르는군요."

"아믄요."

"알겠습니다. 그럼 어르신 의향대로 그렇게 호적에 올리겠습니다."

"그러시오. 그런데 면서기는 서른 갓 넘은 청년한테도 어르신이라는 존칭으로 부르시오?"

"아, 그러믄요. 성함을 부르기도 그렇고, 딱히 농사를 짓는 분한테 선생님이나 사장님이나 또 회장님이나 이렇게 부를 수는 없지요. 안 그랴요?"

그리고 돌아가서 한참을 궁리해 보다 화투판에 똥광, 광땡 같은 이 이름은 다 치워버리고 면서기 마음대로 전재수의 맏아들 이름을 전광현으로 올려놓았다.

그러니까 전재수의 맏아들 이름 앞자리에 똥이나 비 자는 뺀 광 자를 올려 놓아줌으로써 화투를 칠 때 그렇게도 손아귀에 넣고 싶어 하는 아버지의 광에 대한 집착심에 배려를 하면서였다.

'아, 그래.'

참, 돌이켜보면 이모가 경상북도 봉화읍 첩첩산중 촌마을을 떠나가게 된 동기가 억울하게 뒤집어쓴 도둑 누명 때문이었다.

그것도 요망스러운 고양이가

"야옹"

하며 만약 돈을 훔쳐간 범인을 지적해서 잡지 못하면

"고양이 네년을 끓는 물에 잡아넣겠다."

하며 점쟁이 무당이 마을 사람 모두를

'안방 장롱 안에 숨겨둔 돈을 도둑 맞았다'는

집 주인 마당으로 모아놓고

"네가 끓는 물에 삶아져 죽기 싫으면 돈을 훔쳐 간 도둑을 향해서 죽기 살기로 달려들어 잡아내야 한다."

그러자 이 요망스러운 고양이가 목구멍으로 가랑가랑대며 눈에 파란 살기를 띠고 잔뜩 둘러선 사람들을 노려보고 있다가 묶어놓았던 목줄을 풀어주자 말자 하필맨 앞줄에 호기심에 가득 차서 보고 있던 열아홉 살 처녀 이모에게 달려들며

"야옹!"

날카롭게 소리를 질러댄 뒤 냅다 도망쳐서 사라져 버렸다.

그때 도둑 누명을 쓴 분에 못 이겨 이 고양이를 잡아죽이려고 꽁지가 빠지게 사라져 버린 고양이 뒤를 쫓아 함께 뛰어가다 아예 봉화읍 마을을 떠나 서울로 직행해 버렸다.

그리고 화려한 도시 이곳 저곳을 헤매다 주저앉은 골목길 교회 계단 앞에서 지금의 남편을 만나 일본으로 수출하는 요꼬 짜는 공장에 들어가서

노란 꽃 붉은 꽃 잘도 도네 잘도 도네

여공들이 쉬지 않고 계절이 바뀌어도

미싱이 돌아가는

밖으로는 봄이 오고 여름이 와도 밤잠을 자지 않고 일한다는

'노동요'를

부르며 모은 돈으로 시유지 무허가 건축물을 사 들이고 자가용도 구입했다.

막 걸려온 두 살 터울 이모의 전화가 너무 반가워서 부엌에서 나와 툇마루에 요강단지와 함께 놓아둔 전화기 통을 들고 귀에다 대고

"그래, 웬일이냐? 네가 하도 요 일, 이 년간 소식이 없어 이년이 그 봉천동 시유지인가 하는 관악구 서울 동네에 요꼬 짜는 공장에 들어가서 기술을 배워 기술공이 되고 뭐 노란 꽃 붉은 꽃 파란 꽃 하는 노래를 불러가며 잘도 도네 잘도 도네 하다가."

"호호호, 무소식이 희소식이라고 난 여전히 잘 살고 있다우. 그런데 언니."

이십여 년 전에 올라가서 결혼해서 살던 그 서울 봉천동 시유지 일대가 개발이 돼서 아파트 단지가 들어서고 그 바람에

'방이 세 개에다 화장실 두 개, 거기다 커다란 응접실과 넓은 베란다' 등

그리고

'45평짜리 큰 평수의 입주자들만 탈 수 있는 별도의 엘리베이터가 딸린 아파트를 분양받아 노다지가 났다'는

동생 이모가 생각지도 않던 전광현의 근황을 물어보고 대뜸 데려다가 공부시키겠다고 서울로 올려보내라는 것이었다.

'아'

그러자 단박에 맏아들의 책가방 등을 싸서 이모가 보내라는 관악구 봉천동 시유지가 개발되어 이젠 아파트 단지가 되어버린 서울로 보내면서 임이자가 깨달은 것이 있었다.

아들이 초등학교 내내 중·고등학교에 올라가서도 오직 줄기차게 받아온 이

'가 가 가 가'

라는 말의 뜻.

'수 수 수'나
'우 우 우'나
'미 미 미'나
'양 양 양'을 받아왔다면 말이다.
어떻게
'가 가 가'
이 가라고 가리키는 이 지시의 적임자가 될 수가 있었겠
냐는 것이다.

　말하자면 광현이는 어릴 적부터 이런 경상북도 봉화
군 봉화읍 첩첩산중에
　'제 애비처럼 응?'
　열 마지기 논농사에 허리를 진종일 구부리고 땀을 비
오듯 쏟으면서 암소 세 마리와 벗을 삼아 농한기 때마다
골방에 틀어박혀 고스톱에다 목숨 거는 이런 농촌 구석
에다 썩힐 인물이 아니었다는 말이다.
　그래서 어머니 임이자가 속을 끓인 것이다.
　남달리 체격도 큰 데다 골격이 단단하고 또 목소리가
마이크를 사용하지 않아도 수만 리까지 들리는 타고난
성량인지
　"논에서 일하시는 네 아버지 중참 잡숫게 좀 갖다
드려라."

하면 그 즉시 논으로 달려나가 먼 곳에 있는 아버지 전 재수를 향해

"아버지, 중참 가져 왔어요."

"아버지가 소 먹이시려고 잡아 오라는 개구리도 학교에서 날마다 담임 선생님한테 오줌 마렵다고 오줌 누러 간다면서 공부 시간에 빠져나와 이만큼 한 자루 잡아 왔구요."

소리치면 그만 함께 있던 다른 농부들까지 귀청이 떨어져 나갈 듯 들리는 이 듣기 좋은 커다란 부름 소리와 설명 소리에 한바탕 허릴 잡고 웃고 감탄들을 해서

"아따 그놈 천성적으로 아버지가 시켜서 한 일을 알아듣게 귀에 쏙쏙 들어오도록 설명도 잘하고."

"아, 거기다 그 긴말을 내지르며 하는 목소리 한번 크게 타고난 게야."

"그뿐인가? 원 저렇게 소리 한번 지르는데 산천초목이 알아듣고 엎드리고 산속에 숨어있던 멧돼지, 호랑이가 놀라 도망갈 정도이면."

"저놈이 공부 못해서 가, 가, 가만 받아 오는 성적표가 꼴등이라도."

"저놈이 저놈 목소리로 나라 한 번 뒤집어 놓고 살릴 큰 인물이 될걸세."

임이자가 그런데 갑자기 이 생각이 떠올라서 서울 관악구 봉천동 이모 집으로 떠나는 전광현에게 단단한 주의를 주었다.

아무래도 걸핏하면 시도 때도 없이 서울 가서 살다가 요꼬 짜는 기술자가 되어 번 돈을 모아서 산 그 무허가 건축물에서 사는 사유지민들의 권리를 정부로부터 인정받아서 버젓한 큰 평수의 아파트 개인 명의의 입주자가 된 자신이

'예수 믿으면서 받게 된 축복'이라고

자랑하면서 형부와 언니에게 교회에 다니라고 권하던 말이 생각난 것이다.

"봐 봐, 언니. 내가 바로 증인이잖아."

하며 도대체 고양이가 그 날 왜 그 많은 사람들 다 놔두고

'나를 지목해서'

장롱 속에 숨겨둔 돈을 훔쳐 간 도둑이라고 달려들어

'내 얼굴을 할퀴고 도망가서 내가 너무 화가 나서'

그 요망한 고양이를 잡아 죽이려고 쫓아가다가

'글쎄, 어느새 십 리 길을 뛰어 신작로가 있는 거리까지 나오게 되어.'

그 길로 마침 군사작전 훈련을 마치고 서울로 이동 중인 군인들이 태워다 주는 장소가 관악구에 있는 서울대

큰길 앞이었다.

　그때 내가

'이리저리 화려한 불빛 도시 거리'를

　헤매며

'여기가 어디인지, 저기가 어디인지'

난생처음 마주한 낯선 거리에 서서 허둥대며

'차라리 경상북도 봉화읍 고향 집으로 돌아갈까?'

하는 바로 그때 처음 보는 교회 십자가 불빛들이

'내 눈에 들어오면서 나를 이끄는데'

그 십자가 불빛 하나가 따라가는

'나를 가난한 사람들이 모여 사는 무허가 집들이 다닥다닥한 시유지 골목 안에 있는 교회 계단 앞에 앉아있도록'

　하고

　잠시 후에

'언니의 제부인 지금 남편을 만나게 해주고, 교회에 나가게 되고'

　그 후 축복을 받아

'언니도 알다시피 시유지 건물, 자가용도 다 사서 타고 다니잖우.'

　하는 긴 설명 끝에

"그래서 말인데 언니. 광현이도 교회만 다니면 당장 공부 못하는 머리가 갑자기 총명한 머리로 뒤바뀌어지면서 꼴찌에서 단박에 일 등을 하게 되는 뜻하지 않는 이변이 일어날지도 모른다는 나의 생각인데."

그럼 초등학교 내내

가 가 가만 받아와서 언니 형부 속을 끓이는 그 아들이

나중 아주 큰 인물이 되어서

'수 수 수'

'우 우 우'

'미 미 미'

오죽하면 언니, 형부가 제발

'가 가 가 가'

가 아닌

'양 양 양'

이라도 받아 오면 여한이 없겠다던 언니 형부의 그런 공부 잘하는 열 아들을 둔 그 부모가 부럽지 않은 입장으로 바뀌어질지도 모른다는 것이었다.

그래서 단단히 당부했다.

"너 만약 네 이모가 너더러 공부시켜 주고 나중 고등학교를 나와서 장차 그 뭐 공부 못해도 들어간다는 그 야간 신학대학인지 하는 데로 들여 보내주겠다면서 너를 예수 믿으라고 꼬시면서 교회 나가자고 하면 너는 당

장 이모 집에서 뒤도 돌아보지 말고 짐 싸 들고 이모 집을 나와 도루 이 경상북도 봉화군 봉화읍에 있는 네 집으로 내려와야 한다.

그 이유는 우리 집은 전 씨 문중 사대 종손으로 조상의 제사를 모실 뿐만 아니라 우리가 믿는 신은 오직 장독대에도 있고 소가 있는 외양간에도 있고 우리 가족이 수시로 바깥채에 두고 사용하는 변소간에도 있는 칠성님이라는 거다."

임이자의 예측이 적중했다.

마치 언니의 맏아들을 막달라 마리아 두 자매가 전도하시러 다니시다가 제자들과 함께 자주 들리시며 쉬시던 나사렛 예수를 반기듯이 너무 기뻐하는 이모 가족 모두가 환영하여 맞아들였다.

욕실에 뜨겁게 나오는 욕조물부터 틀어놓고

"어서 멀리서 시월달도 다 지나가는 날씨에 오느라고 고생한 몸부터 목욕물 안에 들어가서 푹 담갔다 씻고 나오너라."

그리고 몸 전체를 감싸고 나올 수 있는 커다란 타올을 건네주며 말하였다.

"너희 집엔 이런 목욕실이 없어 한 번씩 그 소죽 끓이는 가마솥에 물을 가득 붓고 장작불을 떼서 그 다섯 명이나 되는 식구들 모두 씻고 나면 바깥날은 어두워지고 그 겨울 같은 때 쌩쌩 부는 시골 바람은 또 어찌나 매서운지 목욕하기 전에도 목욕하고 나와서도 추워서들 덜덜 개 떨듯 떨지?

그래서 '사람은 서울에서 살고, 말은 제주도로 보낸다'는 옛말이 하나도 틀리지 않는다는 거다. 광현아."

씻고 나오면 갈아입을 부드러운 내복과 잠옷들을 준비해 놓고 두 내외가 거주하는 바로 안방 건너에 있는 방 한 개를 내어주며

"너는 이 방에서 지내면서 서울로 학교 전학이 되고 일 년 안에 고등학교를 졸업하면 그다음엔 대학을 가야 하는데."

일일 파출부가 차려놓은 저녁 식사가 응접실 식탁 위에 차려져서 다음 말은 맺지 못하고 끊어졌다.

그리고 일주일을 두고 이모 가족과 함께 용인 에버랜드에도 가고, 교향악단이 연주하는 세종 문화회관과 영화관, 미술관 관람 등

고급 호텔 레스트랑에서는 갖가지 요리 음식도 먹고, 유명 백화점에서는 이모가 여러 벌의 옷을 사서 광현에게 선물하며 무척 즐거워하였다.

그런데 1979년 10월 26일

삽교천 방조제 준공식에 다녀오신 그날 저녁에 중앙정보부 안가에서 총애하던 중앙정보부 부장 김재규가 쏜 총격에 가슴을 맞고 쓰러지신 뒤

11월 5일

9일 만에 62세 나이로 청와대를 떠나시는 박정희 대통령의 마지막 가는 운구 행렬 뒤를 일천칠백만 명의 국민이 모조리 비 오듯 거리로 쏟아져 나와 운구 뒤를 뒤따르며 땅을 치고 가슴을 두들기며 울부짖었다.

"대통령님! 우리 국민들을 어떻게 뒤로 두고 어디로 가시려고 하십니까!"

불과 1974년 5년 전에 청와대 앞에서 운구에 실려 가는 아내가 가는 마지막 그 길을 차마 배웅하지 못하고 뒤돌아서서 손수건으로 얼굴을 가리시고 우시던 그 지아비가

자신마저 아내를 운구에 실려 떠나보낸 지 5년 만에 자신도 똑같이 청와대 앞에서 죽임을 당해 운구에 실려 가시는 것이다.

'아, 아'

'그토록 사랑하던 조국과 대한민국 국민을 위해 일하시던 그 두 손 어이 다 내려놓으시고'

'다시 돌아올 수 없는 먼 길을 떠나신다는 겁니까?'

'어미도 잃고 아비도 잃은 저 어린 삼 남매는 또 어찌 뒤에 남겨두시고'

그토록 불철주야 조국 대한민국을 사랑해서 고속도로를 놓고, 모래바람이 휘몰아치는 포항 그 허허벌판에 누구도 상상 못 한 중공업 단지와 포항 제철소 등

원자력 발전소며 배를 만드는 조선소 산업 등

갖가지 국가 중흥에 앞장서서 밤잠 안 자고 일하시던 그 탁월한 영도력을 국민들은 절대 놓치고 싶지 않아 영원히 함께 살고자 하여 대통령이 직접 진두지휘하는 국가 재건에 같이 힘쓴 새마을 일꾼들이 되어 기꺼이 나라가 부르면 어디든지 달려가 무너진 제방 뚝도 쌓고, 도저히 나무가 자랄 수 없는 벌거벗은 산등성이에도 직접 등으로 흙을 지어 나르고 여자들은 물동이를 머리에 이고 나르면서 대동단결된 애국심으로 나라의 부흥을 대통령님과 함께 일하며 건설해 나갔는데

'어떻게 이런 탁월한 영도자를 우리 국민들이 놓아드릴 수가 있겠습니까?'

이날 거리거리마다 하얗게 물밀처럼 쏟아져 나온 백성들이 운구 뒤를 따라가며 울부짖는 그 장례 행렬에 서울로 올라온 지 불과 이주일 된, 청소년에서 청년기로

넘어가는 전광현이 그 운구 뒤를 따라가며 한강 다리를 넘으면서 같이 울고 국립묘지에 안장하는 그 자리까지 참예하면서 이때 조국에 대한 뜨거운 애국심을 갖게 되는 동기가 되었다.

그리고 저토록 국가의 지도자를 잃고 하늘이 무너지는 충격과 슬픔에 땅을 치고 흙바닥에 주저앉아 뒹굴면서 우는 국민들의 애통함을 같이 같은 마음으로 울고 또 함께 울면서

'나도 박정희 대통령처럼 내 조국 내 민족 내 나라 국민을 사랑하여 이 한 몸 아낌없이 바치리라.'

굳게 다짐하였다.

무엇보다 배고픈 백성들의 가난부터 해결하고

"민주화는 나중이다."

하면서 고속도로를 만들 때 김대중은 그 길을 가로막고 누워

"그 돈으로 국민들을 먹여 살려야지 왜 논밭을 갈아엎고 아무 쓸데 없는 고속도로를 놓느냐?

당장 만들어 봤자 그 고속도로 위를 달릴 차 한 대도 없는 국민들이 태반인데.

왜 고속도로가 필요하냐는 말입니다! 여러분!"

이렇게 일일이 정권이 하려는 일마다 방해를 놓고 국

민들에게 호소해서

'이건 절대 민주주의가 아닙니다.'

하는 말로

'선동만을 일삼고'

김영삼 역시 YMCA에 작업장에 있어야 할 여공들과 함께 들어가서 마룻바닥에 여공들 사이에 누워 시위를 벌이고

국가 경제를 살리겠다고 고군분투하는 군사정권이 하는 일에 무조건 민주주의가 아닌

'군사 독재 정권'

이라는 비방들만 쏟아내고 반대만 하는 선동자가 되어 곳곳에 젊은 대학생들의 데모나 일으키게 하는 단골 시위꾼들로

'하루도 화염병과 돌팔매와 구호 소리와 서로 밀리고 밀리는'

이런 나라 전체가 싸움터가 되어 비난만 쏟아내는 그 야당 당수들의 데모만 일삼는 정치꾼들의 바람몰이 때문에 말이다.

줄곧

학생들은 교실에 있지 않고

'거리 투사로 나와'

정부가 하는 일마다 반정부 구호를 외치며
'민주화 학생운동'
을 일으키는 시위꾼들이 되어 갔다.

그 가운데 오직 박 대통령은 끝까지 지독한 선동질과
국가 반역질자들이 벌이는 이 데모꾼들의
"유신 헌법 군사 독재 박정희 정권은 물러가라!"
하는 이 구호와 함성 속에 마지막 가시는 그날까지
삽교천 방조제 준공식에 참석하시고
방조제 저수지에 가득 찬 그 물줄기로 그 주변을 둘러
싼 농지들이 아무 가뭄에 피해를 받지 않고 농사를 잘
지어 농촌에서도 허리 펴고 잘 살 수 있는 부촌으로 가
는 그 삽교천 위에 고속도로를 놓아 그 부근 아산과 대
전 전체를 교통이 편리해서 어디든 막힘 없이 한 시간
내에 서울을 왕래할 수 있게 다리를 놓아주는 그 일까
지 후대 세대를 위해 내다보시고 하시던 그 일을 끝내시
고 우리 곁을 떠나신 것이다.
'아, 아.'

서울로의 고등학교 전학이 결정되고 맞이한 추수 감
사절 주일 아침이었다.

이모가 이모부와 함께 전광현의 방 안으로 들어와서 권유했다.

"광현아, 오늘 우리 이모네 가족과 함께 우리가 다니는 교회에 나가 예배드려 보는 게 좋지 않겠니?"

물론 전광현이 어머니가 당부하던 말을 마음 안에 간직하고 있는 이상 단연코 수락할 리가 만무한 제안이었다.

그래서 확고부동하게 못을 박고 단번에 거부하고 자신의 의사를 분명하게 밝히고 나섰다.

장황하게

"이모, 이모부."

이렇게 두 사람을 한꺼번에 불러놓고

"경상북도 봉화군 봉화읍에 사는 언니의 아들을 그동안 서울로 올라오게 해서 사심 없이 베풀어 준 그 하해와 같은 은혜야말로 두고두고 갚을 길 없는 백골난망한 일이지만

그러나 어쩌겠습니까? 이모, 이모부님 아시다시피 저는 전씨 문중 사대 종손으로 조상님의 제사를 모셔야 하고 그보다도

자신이 믿는 신은 임이자 어머니와 같이 칠성님 신이십니다."

하는 이 사실을 말이다.

그러자 이모와 문필가인 이모부가 기독교의 신인

여호와 하나님과 칠성님을 비교해서 설명하여 나가
기 시작했다.

들고 있던 구약 성경 창세기 1장을 펴보이면서다.

"우리가 믿는 전지전능하신 하나님은 태초에 말씀으
로 천지를 창조하셨다."

이모가 말하고

"그래, 땅이 혼돈하고 공허하며 흑암이 깊음 위에 있
고 하나님의 신은 수면 위에 운행하시더라."

같이 따라 말하던 이모부가 이렇게 곁들였다

"얼마나 멋있냐? 함축된 문장적으로 요약한 상황 설명
이. 응?"

가라사대, 말씀 한마디로

'첫째 날'

빛

그리고 빛과 어두움을 나누사 빛을 낮이라 어두움을
밤이라 칭하시고

'둘째 날'

아래위로 나누어 지으신 궁창을 하늘

'셋째 날'

천하의 물이 한 곳으로 모이게 하시고 드러난 뭍을

땅

모인 물은
바다
그리고
땅은 풀과
열매 맺는 채소와
각기 종류대로 씨 가진 열매 맺는 나무로
'넷째 날'
큰 고기와 물에서 사는 생물을 그 종류대로
날개 있는 모든 새를 창조하신 하나님이 그들에게 축복
하시며
생육하고 번성하라.
여러 바닷물에 충만하라.
새들은 땅에서 번성하라.
'다섯째 날'
"하늘 궁창에 광명이 있어 주야를 나누게 하라.
또 그 광명으로 징조와 사시와 일자와 연한을 이루라.
또 그 광명이 하늘의 궁창에 있어 땅에 비치게 하라."
하시고 하나님이 두 큰 광명을 만드사
큰 광명은 낮에 해
작은 광명은 밤에 달
또 하나님이 별 들을 만드시고 그것들을 하늘의 궁창
에 두사

땅에 비치게 하시고 주야를 주관하게 하시고
어두움과 밤으로 나누시니라.
하나님 보시기에 좋았더라.

그리고 여섯째 마지막 날이다.
사람을 창조하셨다.
자기의 형상, 곧 하나님의 형상대로 남자와 여자를 창조
하시고
생육하고 번성하라.
땅에 충만하라.
땅을 정복하라.
바다의 고기와 공중의 새와 모든 땅에 기는 육축 짐승
을 다스리라.
내가 열매 맺는 모든 채소와 씨 가진 열매 맺는 나무
를 너희에게 주노니 너희 식물이 될지라.

그런데 네가 믿는 칠성님은
눈이 있어도 보지 못하고
귀가 있어도 듣지 못하고
입이 있어도 말할 줄 모르고
코가 있어도 냄새를 못 맡는다.

"그래. 당장 코가 있어도 냄새를 못 맡기 때문에 그 구린내 나는 너네 집 그 변소간에도 있는 거야. 안 그러니?"

이모가 아주 신이 나서 열변을 토하고 있었다.

"너도 네 엄마한테 들어서 알다시피 그 점쟁이 용하다는 무당도 봐라. 왜 용하다면 제가 잡지 왜 하필 고양이를 시켜 도둑을 잡으라는 거냐?"

"그렇지만 이모."

광현이도 물러서지 않았다.

부모 말을 하늘같이 여기는 효자였기에 아버지가 학교 갈 때마다 잡아 오라는 그 개구리를 번번이 수업 시간에 오줌 마렵다는 핑계를 대고 교실을 빠져나와 들로 산으로 뛰어다니면서 개구리를 잡아 왔던 것이다.

이모가 깜짝 놀랐다.

이런 효심이라면 백 세가 넘어 얻은 아들을 제물로 바치라는 하나님 말씀에 순종하고 모리아 산으로 청년이 다 된 아들 이삭에 등에 번제 드릴 때 쓰일 땔 나무를 지고 올라가게 만들고

뒤따라오는 이삭이

"아버지, 번제물은 어디 있습니까?"

물을 때

"응, 여호와 하나님이 이미 준비하고 계실 거다."

하고 아들을 안심시킨 뒤에 번제 드릴 모리아 산에 오르자마자 아들을 결박하고 아들이 지고 온 그 나무 위에 아들을 앉혀놓고 불을 지피려 하자 아브라함의 믿음을 시험하시려던 하나님이 당황하셔서

"아브라함아."

급히 부르신 뒤에 미리 준비해 두었던 나무에 뿔이 걸린 양을 번제물로 대신 받으시고 이 두 부자의 믿음과 순종을 보시고 크게 기뻐하셨다.

마찬가지로 공부 시간에 개구리를 잡아 오란다고 해서 그 반에서 꼴등을 하는 성적표에다 전혀 신경 쓰지 않고 아버지가 시키는 일에만 골몰하였다니.

아무래도 심상찮은 징조가 광현이 머리 위로 섬뜩하게 지나가는 걸 본 것 같았다.

분명 그동안 서울로 올라와서 눈으로 본 것만 해도 천양지 차이가 날 텐데도 어머니가 다짐을 주면서 부탁한 그대로 위아래 손익을 따지지 않고

"그러나 어쩌겠습니까, 이모 이모부."

할 때

'이 아이는 이해타산이나 손익 계산을 하지 않는, 철저한 첫째 부모 말씀에 순종하는 아들이구나.'

마치 이삭이 자기를 번제물로 바치려고 결박할 때 한마디 반항이나 이유를 달지 않고 순순히 아버지 아브라함

의 뜻에 따라 순종하듯

구약 성경 십계명 가운데 있는 이 말씀이 떠올랐다.

'네 부모를 공경하라.

그리하면 네 여호와 하나님이 네게 준 땅에서 장수하리라.'

"그래."

이모가 양보했다.

"오늘은 더 이상 네게 교회 가자는 말하지 않겠다."

그러나 반면에 고민도 깊었다.

교회 담임 목사님에게 분명 광현이 이야기를 해 가며

"내가 목사님 이 어린 양을 전도해서 꼭 공부를 못하니까 공부 못해도 들어갈 수 있다는 야간 신학교에라도 꼭 들여보내서

주의 종 목사님으로 만들 거예요."

그런데 그 약속을 지키지 못하게 된 것이다.

이 절박한 다짐을 미리 목사님에게 선포해 놓고 그동안 때를 기다렸다가 모처럼 말을 꺼낸 상황을 아는 이상 이제 광현이도 더 이상 이모 집이 지체할 곳이 못 되어서 떠나기로 결심하고 길을 나섰다.

그러자 교회에서 돌아온 이모가 펑펑 울고 광현이가 비워놓고 간

빈방 안을 보자마자 임이자에게 전화를 걸어서 퍼부었다.

"언니, 내가 광현이한테 오늘 교회 가자고 하였더니 이 애가…."

"뭐? 어째? 네가 교회 가자고 했더니 네 집을 나갔다고?"

"이자 언니가 시켰잖아!"

"그래, 내가 시켰지. 예수쟁이 그 이모가 너더러 교회를 가자거나 예수 믿으라는 말을 하면 당장에 이모 집을 나와 네 집에 돌아오라고."

"잘들하우. 공부해야 하는 아들에게 매일 개구리나 잡아 오라고 책가방 들고 가는 그 손에 개구리 잡아 올 포대 자루를 들려주어 반 전체에서 가, 가, 가나 받아 오는 꼴등을 만들질 않나.

언니는 언니 대로 미국 교인들이 6.25 전쟁으로 나라 전체가 폐허가 된 가난한 대한민국, 특히 어려운 시골 학교 아이들 먹이라고 보내주는 우유며 밀가루를 배급 타오는 날엔 큰 부대 자루를 들려 보내면서 광현이더러 학교에서 돌아오는 길에 절대 아이들하고 노나 먹지 말고 주지도 말고 그대로 갖고 와야 한다."

"암, 그랬지. 그 자식이 그렇게 애미인 내가 시키지 않으면 다 이놈 저놈 퍼 멕이느라고 나중에 빈 포대 자루만 달랑 들고 오기 일쑤여서 내가 그것도 시켰다."

"그래서 잘도 언니 시킨 대로 구두쇠 모냥 광현이가 그렇게 합니까?"

"아니. 다른 말은 다 잘 듣는데 그 나눠 주는 버릇은 내가 불 때던 부지깽이를 들고나와 두들겨 패도 못 고쳤어. 그런데?"

"몰라. 나도 더 이상 관심 안 갖고 신경 끌 거야."

그렇지만 세상에 그런다고 집을 나가? 이 추위에? 돈도 내가 용돈 준 것뿐일 텐데. 어떻게 하려고 전학까지 돼서 고등학교 공부도 해야 하는데 나한테 작별 인사조차 없이 떠나다니….

이모가 하나님 앞에 그때부터 울면서 기도했다.

'하나님, 어떡해요. 이 길 잃은 양 제발 내 집으로, 하나님 품 안으로 돌아오게 해주세요.'

날이 어두워지려 하고 있었다.

스산하게 부는 바람

비스듬히 기우는 겨울 문턱

서울이 좋았는데

거리엔 빌딩들이 넘쳐 나고

인구 절벽이란 요즘 국가의 흥망성쇠가 달린 이 저조한 출산율에 아비규환이 되어 어떡하든 이 인구 소멸을 맞지 않으려고 국가 예산을 퍼부으면서 가정을 이루

고 사는 젊은 부부에게 국가가 나서서 호소하고 있는 2020년도와는 다르게

과거 1960년도와 1970년도에 군사정권 박정희 대통령 치하에서는 너무 아이들을 주렁주렁 최소 네다섯 명은 기본이고 일곱, 여덟, 아홉, 열, 열한 명, 열두 명까지도 부지기수로 낳고 살았다.

물론 거기엔 남아 선호도에 기여해서 아들을 낳기까지 딸이면 무조건

'그다음 동생은 아들이다.'

하고 또 낳고 낳고 하다 보니

출산율이 폭발해서 오죽하면 늘어나는 이 인구 수효를 줄여야 하는 산아제한 정책으로

'딸 아들 구별 말고 둘만 낳고 잘 살아 보자.'

하는 홍보물이 나왔을 정도였다.

그런데 그 가난의 세월은 비켜가고 1988 서울 올림픽까지 개최하는 선진국가 반열에 선 대한민국이

'원하는 것은 무엇이든 할 수가 있고'

한다고 해서 제멋대로 이모 집을 나와 고향으로 가고 있는 전광현이를 포함해서다.

박정희 대통령이 그 지독하게 날만 세면 고속도로를 까는 그 길 한복판에 누워 데모질이나 하고

박근혜 대통령 정권 때는 웬 불교 여승 하나가

실개천에 흐르는 공룡 한 마리가 환경 오염으로 죽는 다고 단식 투쟁으로 막아서는 바람에 박근혜 대통령이 찾아가서 설득도 해보고 그러다가 일 년 이상 터널을 뚫 어야 하는 공사의 지연으로 일조 원이 넘는 막대한 국 가 손실을 가져와도 이 국가적 재정 낭비쯤이야 눈 하 나 깜짝하지 않고 자신들의 요구가 관철될 때까지 소위 국민 여론을 내세워서 악순환적으로 반복되는 이 엄청 난 모순된 자가당착증에 걸린 이 시위꾼들의 버르장머 릴 말이다.

그 유명한 말을 남긴 김영삼 씨가 고쳐놨어야 했다.

그런데 민주 투사였던 그가 대통령이 되어서 한 일은 고작 실명제와 하나회 군인 친목 단체를 추풍낙엽처럼 날린 그 일이다.

'제 백성은 떡 먹듯이'

하는 좌파 노무현의 뇌물 정권 전성시대를 열어주 면서다.

고속 터미널을 향하여 터덜터덜 걸으면서 박정희 대

통령이 깔아놓은 그 고속도로를 보며 지나간 일과 미리 2020년도에 벌어질 인구 절벽 등을 내다보며 몹시 전전긍긍해하는 찰나에 누군가가 허둥지둥 뒤따라 오면서 이렇게 뜬금없이 묻고 있었다.

"너 혹시 내 아들 형주 아니니?"

"글쎄 아니래두요, 사모님."

광현이를 자신이 이혼하면서 두고 나온 아들로 착각해서 뒤돌아보게 한 사십 대 초반의 여인한테 그녀보다 조금 나이 아래로 보이는 도우미 여자가 안타까워하며 미안해했다.

"괜찮습니다."

어른처럼 대답한 광현이가 물어보았다.

"두고 나온 아들이 제 또래인가요?"

"아니. 중학교 일 학년 때 떼어 놓고 나와서 그 후 들리는 소리가 그 아들이 엄마가 비워두고 나온 방 안을 뛰어들며 항상 학교에서 돌아올 때마다 엄마가 있던 방 안부터 열어보고

'엄마!'

부르던 그 습관대로 그날도 엄마를 부르면서 열어본 방 안에 그렇게도 사랑해 주던 엄마가 없는 걸 보고 계속 해가 다 지도록 보이지 않는 엄마를 찾아 울며 헤맸다니."

아들을 찾아 헤매 도는 여자 곁에 선 도우미가 이런
설명을 하고 있을 때 하늘에서 엄마 잃은 기러기가
'엄마, 엄마.'
부르며 날아가고
아들 잃은 엄마 기러기가
'아들, 아들.'
찾으며 날아가고 있었다.
그리고 여인들과 헤어진 뒤 막연히 도착한 고속 터미
널 휴게소 의자에 앉아서 과연 이모가 믿으라는
'예수를 믿지 않고'
'칠성님을 믿으러 가는'
이 선택이 옳은 일인지 몹시도 우왕좌왕하는 심정으
로 혼란을 겪으면서도 뜻을 굽히지 않았다.

그리고 봉화군으로 가려는 고속버스가 도착해서 막
앉아있던 휴게소 의자에서 일어나 개찰구로 나가려는
순간에 조금 전에 헤어졌던 그 두 여인이 눈앞에 서서
울고 있었다.
그리고 두 손을 내밀었다.
"우리 좀 도와주세요, 학생. 벌써 자기 아버지 집에서
아버지와 재혼해서 사는 새엄마가 싫어서 집을 나간 지
가 두 달 가까이 되었다고 해서 이렇게 아이를 찾아 헤

매 도는데도 도무지 만날 수가 없으니 이 어미 심장이 타들고 죽어 나갈 정도예요."

왜 내가 그 아들을 생각 못 하였는지

그 아이와 헤어지면 이런 고통이 따른다는 걸 왜 미처 생각조차 못 했는지

한번은

'절대 남편 자식 다 버리고 더 이상 살기 싫다고 매달리며 사정하는 남편 거기다 제가 낳은 자식까지 버리고 이혼하고 나간 여자가 왜 집 나간 지 여러 달도 안 돼서'

'아이가 보고 싶다고 해서 찾아오고 문전 박대를 해도 또 찾아와서'

'정 아이가 보고 싶으면 다니는 학교에 가보라고'

해서 찾아갔더니

'그 아이는 이미 전학을 가버린 뒤여서'

그냥 만나는 걸 포기하고 지내다가 내가 조금 있으면 남동생이 있는 미국으로 떠나갈 입장이 되어서 그 안에라도 만나보려고 이렇게 거리까지 헤매 돌며 그 아이 또래만 보이면 두고 나온 꼭 그 보고 싶은 아들 같아서 달려가서 부둥켜 안고 '너 혹 형주 아니니?'

물으면 모두가 아니라고 대답하고

그러다가 어느 날

'그 아이에게 혹시라도 먹일 수가 있을까 해서'

바리바리 해서 싸 들고 간 어느 중학교 정문 앞에 그 아이가 다닌다는 정보를 알고 찾아갔을 때 교복 앞 단추가 몇 개나 떨어져 나간 초라한 교복 차림을 하고 나온 아이가 울면서

  싸 들고 간 어머니가 해온 음식을 받을 수가 없다면서

  '아버지와 새엄마가 그렇게 하라고 해서 절대 싸 들고 온 이 음식을 집으로 가져갈 수 없다.'

  하며 거절하더니

  그래도 그다음에 찾아갔을 땐 중국집에서 시켜준 자장면을 맛있게 먹으면서 눈을 마주친 그다음부터 그 애가 집을 나가버리고 학교에도 나오지 않는다니

  '내가 이런 아들을 두고 어떻게 미국으로 가서 살 수는 있는 건지 그 아이가 자나 깨나 눈에 밟혀서 학생.'

  그리고 여인들이 또 눈앞에서 사라졌다.

  분명 자기 아들 또래의 아이가 눈 안에 들어와서 어떡하든 미국으로 떠나기 전 이 말을 남기고 싶어서였을 것이다.

  '아들아, 내가 널 다시 꼭 데리러 올 테니 그동안만이라도 네 아버지 집에 들어가 살고 있거라.'

  '곧 다가오는 추운 거리에서 헤매 돌지 말고 그러다가 나쁜 불량배들한테 걸려 나쁜 길로 들어서려면 어찌하려고. 밤에는 잘 곳이 없어 신문지를 깔고 덮고

찬 바닥에 누워 잔다니. 그러다가 감기에라도 걸려 너 잘못된다면 널 버리고 나온 이 애미의 죄과는 어디에 가서 속죄함을 받겠느냐?'

조화였다.
전광현이 눈앞에 예수가 서있었다.
그리고 이렇게 말씀하셨다.
"방금 네 눈앞에 나타나서 아들을 찾겠다고 네게 도움을 요청하던 그 여인들이 바로 나다.
어린 아들을 두고 나온 그 어미 여인의 심정처럼 나도 내 아버지 집에 올라가 있어도 세상에 두고 온 너희 잃어버린 어린 양들을 찾아 오늘도 갖가지 인간의 형상으로 나타나서 거리거리를 헤매며 찾고 있다."
그리고 여인들처럼 예수도 광현이 눈앞에서 사라지셨다.
또 누구를 찾아 떠나신 건가?
처음 만난 전광현이를 이 광야 같은 고속 터미널 거리에 놔두시고.

그때 여인의 아들이 전광현 눈앞에 보이기 시작했다.
저 멀리 있든 가까이에 있든 그렇게도 찾아 헤맨다는 여인의 아들이 바로 전광현이 눈앞에 홀연히 나타나서 전광현이 예수가 되었다.

보리 떡 다섯 개와 물고기 두 마리로 오천 명을 먹이시고도 남기신 열두 광주리의 기적처럼

"배고파요. 사흘 동안 아무것도 먹지 못했어요, 형. 그리고 나 몹시 추워요."

할 때 아낌없이 그 아이를 위해 주고 또 주었다.

갖고 있는 돈 모두를 털어 그 아이에게 주면서

"밥도 사 먹고 형이 입고 있는 이 가죽 외투며 신고 있는 구두며 운동화까지 다 너에게 벗어주고 신겨주마."

그리고 실행했다.

"형은요?"

아이가 염려돼서 말할 때

"나는 맨발로 걸으면 돼."

그리고 떠났다.

봉화읍으로 돌아왔을 때 전광현이는 예수처럼 일주일 내내 차를 타지 않고 서울 고속 터미널에서부터 부모가 애가 타서 밤잠을 자지 않고 문 열어놓고 기다리는 집까지 걸어오는 바람에 감지 않은 머리에 가시관을 쓰고 있었다.

몸을 감싸고 있는 겉옷 역시 십자가에 매달리시기 전 찢기고 피 흘리신 예수의 흉포처럼 갈가리 흙투성이로

찢겨져 나가있었다.

임이자가 기암을 하고 이 돌아온 아들의 모습에 눈앞에 보이는 하늘이 노오래지고 억장이 무너져 내려서 당장에 기절부터 하였다. 그리고 잠시 후에 물동이로 내리퍼붓는 물벼락을 맞고 나서야 정신을 되찾고 나서 울부짖기 시작했다.

"네가 왜 이 모양이 되었니? 이모가 사 주었다는 그 좋은 옷 다 어디다 두고 이런 거지꼴로 초주검이 되어 벗은 맨발로 절며 절며 돌아오다니."

"광현아, 내 아들 이 자식아."

전재수 역시 몰려든 마을 동네 사람들과 함께 같이 달려들며 쇠약해 질대로 쇠약해진 아들의 몸을 끌어안고 마당 한가운데를 구르며 대성통곡할 때였다.

광현이가 처음 눈을 뜨고 이런 아버지를 바라보며 가까스로 이 말을 하고 기진맥진하여 의식을 잃고 있었다.

"아버지, 나를 만지지 마세요. 나는 아직 하나님 아버지께로 돌아가지 못한 육신의 몸입니다."

"뭐야? 하나님 아버지?"

"네, 나는 내 영혼부터 구원받아야 합니다."

"뭐? 구원?"

아니, 십 원도 아니고 구원이라니.

도대체 이게 무슨 뚱딴지같은 말을 처음 광현이 입으

로부터 듣게 되는 말이라니.

"아버지, 나를 만지지 마세요. 나는 아직 하나님 아버지께로 돌아가지 못한 육신의 몸입니다."

고속터미널을 떠나 봉화읍을 향해 가던 중 마침 서울 중곡동 땅 한 곳에 이르러서는 해가 진지라.

거기 유숙하려고 그곳에 한 돌을 취하여 베게 하고 거기 누워 자더니
꿈에 본즉 사닥다리가 땅에 섰는데 그 꼭대기가 공중에 닿았고
또 본즉 여호와의 사자가 그 위로 오르락내리락하고
또 본즉 여호와가 그 위에 서서 가로되
"나는 여호와니라.
나는 믿음의 조상 아브라함의 하나님이요,
이삭과 야곱의 하나님이라."
그리고 예언하셨다.

먼 십여 년 후에 전광현이 하나님의 영에 이끌려서 산 기도원에 들어가서 금식 기도로 성령을 받고

통틀어 신·구약 성경을 만 번씩 읽어 모든 성경의 진리를 알게 되는 능력을 받고서도

온갖 부흥집회에는 다 찾아다니며 은혜의 말씀을 더욱 사모하느라고 3학년 졸업을 앞둔 고등학교는 대충 다니기를 반복하다 야간 신학교에 들어가서 졸업한 후에 36개월이 걸린 군대를 다녀오고 나서 목사 안수를 받고 처음 목회자가 세 얻어서 하는 답십리 십오 평에서 지금의 중곡 땅 천오백여 평에 교회를 세우는 그 과정을 일컬어 환상으로 보여 주시며 약속하신 것이다.

마치 아버지 이삭과 어머니 리브가 사이에서 태어난 야곱이 어머니 리브가의 태 안에서부터 먼저 장자권 다툼으로 형에서의 발꿈치를 붙잡고 태어나서 결국 장자권의 축복권을 아버지 이삭으로부터 동생에게 빼앗긴 쌍둥이 형 에서의 보복을 피해 살던 곳, 브엘세바를 떠나 어머니 리브가의 오빠, 외삼촌 집이 있는 하란으로 향해 가는 야곱에게 나타나신 하나님이 그와 똑같은 방법으로

말씀하셨다.

"내가 너 누운 땅을 너와 나를 믿고 너를 따르는 모든 교인들에게 줄 터인즉

장차 나를 믿고 너를 따르는 교인들이 땅에 티끌같이

동서남북으로 편만해서

땅에 모든 족속이 너와 나를 믿는 성도들로 인하여 복을 받으리라.

내가 너를 지키며

어디로 가든지 너와 함께하며

내가 네게 허락한 것을 다 이룰 때까지 너를 떠나지 않으리라."

그리고 꿈에서 깨어나 장차 전광현이 전 대한민국을 들었다 놓는 보수 우파 애국 목사로 주사파 세력들과 맞서 싸우는 광화문의 세력으로 등장하게 되는, 하나님의 복음을 위해 세워질 사랑제일교회의 준비된 터전 중곡동 땅을 바라보며 지나가고 있을 때였다.

다시 베냐민 땅 아나돗의 제사장 중 힐기아의 아들 예레미아에게 나타나셔서 하신 지령을 아직 고등학생 신분인 전광현에게도 똑같은 말씀으로 내리셨다.

"내가 너를 복중에 짓기 전에 너를 알고 네가 태에서 나오기 전에 너를 구별하여 열방의 선지자로 세웠노라."

이 말씀에 놀란 예레미아가 대답한 말이다.

"슬프도소이다. 주 여호와여,

보소서. 나는 아이라 말할 줄을 알지 못하나이다."

그때 여호와가 허락하지 않으셨다.

"너는 아이라 하지 말고 내가 어디든지 보내면 너는 가며

내가 무슨 말을 하든지 너는 말할지니라."

이와 같이 여호와께서 전광현에게도 예레미야에게 하신 똑같은 말씀을 다시 하시고 계시는 것이었다.

"보라. 내가 너를 장차 대한민국을 망하게 하는 좌파 대통령들과 그 주사파 졸개들과 썩어 빠지고 부패한 정치인들에게 맹종하는 그 개만도 못한 국민들 앞에 견고한 성읍 쇠기둥 놋성벽과 같이 하였나니 그들이 너를 치나 이기지 못하리니

이는 내가 너와 항상 함께하여 구원함이니라."

그리고 확신을 주시고 떠나셨다,

"두려워 말라. 담대하라. 놀라지 말라.

이는 내가 네게 명함이 아니냐.

양치기 어린 소년 다윗도 주 여호와인 나를 믿는 그 믿음 하나로 온 이스라엘 백성과 군인들이 적군의 대장 골리앗을 피해 숨어있을 때에 양을 지키던 돌팔매 하나로 투구를 쓰고 전신 갑주를 입고 긴 베틀 창을 들고나온 힘이 장사인 골리앗 대장을 단 한 번의 돌팔매 하나로 그 이마를 명중해서 쓰러트렸느니라."

제 3 부

맞 선

굳은 비 내리는 밤 그야말로 옛날식 다방에 앉아
'갈팡 질팡'
'왔다 갔다'
'오락 가락'

서른을 앞둔 전 목사가 결혼 상대방 여자 수강자로 인해 갈피를 못 잡고 안절부절못하고 있는 이유가 있었다.
'조선을 삼킬 눈'을
가진 사윗감을 알아본 무댑보 장모 자리가 자신의 과년한 외동딸을 서른 살이 넘기 전에 떠넘기려고 아예 전 목사를 다방 안에다 붙들어 매놓고 수강자를 설득시키는 일을 반복하고 있기 때문이었다.

문제는 콧대가 어지간히 높고 자신 딴에는 명문대를 나온 고학벌에다 비교하면 어림 반 푼어치도 없는 도무지 야간 신학대학을, 그것도 2년제를 나온 서울에 집도 절도 없는 가난뱅이 목사를 남편감으로 맞아들이라니 속에 천불이 나서
'이게 나한테 가당키나 해?'
당장에 따지고 들고 길길이 뛰고 눈에 불을 켜고 반대하고 달려드는 딸의 반응인데도 불구하고 말이다.

끝까지 비교하고 우기면서 안 만나겠다고 버티고 싫다고 뿌리치고

그렇게 좋으면 과부인 엄마나

"나 대신 그 사람한테 시집가라니까!"

하다못해 이런 가당찮은 소리까지 내지르고 독방을 쓰는 자기 방문을

'쾅!'

닫아버리기까지 해가며 엄마를 방 밖으로 내쫓고

"나가요, 나가! 두 번 다시 그따위 거지 깡통 같은 신랑감을 어디 쓰레기통 같은 데서 주워 들고 와서 똥차도 아닌 딸을 못 치워 먹어서 그렇게 안달복달이면."

오리 주둥아리처럼 넓은 입 양 가를 쫘악 찢어 내보이면서

"나 집 나가서 엄마하곤 절연하고 살 테니까 그렇게 알아요."

이런 말까지 제멋대로 나오는 말이라고 가리지 않고 쏟아내는 이런 성질이 개떡 같은 여자를 무댑보 엄마는 어쩌자고, 누구 신세를 망치려고 또 이렇게 기를 쓰고 전 목사를 사윗감으로 점 찍어놓고 사생결단으로 두 남녀 사이를 엮어매려 하는가를 말이다.

참으로 알고도 모를 일이었다.

귀신이 쓰인 것도 아니고 벌써 이렇게 붙들려 와서 다

방 한구석에 앉혀놓고 기다리게 있게 한 지가 세 번째
고 해서 전 목사의 본성도 폭발해 버렸다.

누굴 촌놈 핫바지로 취급을 해도 유분수지 소위 주의
종이 이런 취급이나 당하면서 그 잘난 장가 한 번 가보
겠다고

'원, 이런 개망신에 인격 모독에다 문전 박대에'

뺨이라도 한 대 후려치고 나서 다신 이런 개차반 같은
여자에겐

'나도 당신 같은 여자 만나 결혼할 마음 조금도 없
으니까.'

그 잘난 학벌 고학력에 취해 명문대 나온 아주 빌딩
몇 채씩 갖고 있는 구애자가 나타나길 기다려서 그런 헛
된 기대감에 여자 나이 서른이 가깝도록 시집이란 걸
못 가고 있었나 본데

'내가 그런 남자 나타나면 중매해 줄 테니 혹여 그런
조건을 갖춘 상대방이 도대체 당신 같은 여자 심보통을
보고 퍽이나 좋아해서 청혼을 할지는 두고 봅시다.'

악담을 퍼붓고 싶은 심정으로 다방을 돌아서 나왔다.

그러나 그게 끝이 아니었다.

무댑보가 또 찾아온 것이다.

개선장군 모냥 한바탕 턱 빠지게 웃고 나서 보고했다.

"목사님, 내가 또 목사님에 대한 하나님의 계시를 받고 이번엔 아주 딸한테 사생결단으로 너 그런 하나님이 크게 쓰실 주의 종을 엄마의 소원대로 남편감으로 못 받아들이겠다면 그래, 좋다.

당장 보따리 싸 들고 내 백 억이 넘는 건물 안에서 당장 꺼지거라. 그 대신 조건이 있어 방 얻을 돈 한 푼 이 무뎁보 엄마가 안 보탠다는 것.

그랬더니 이 오라질 년이 마지못해 그럼 목사님을 정식으로 만나보고 나서 결정하겠다는 거예요."

궂은 비 내리는 밤 그야말로 옛날식 다방에 앉아 마주 보는 그 얼굴이 그런데 뜻밖에도 너무나 안성맞춤 목회자 사모님감이었다.

사납게 치뜬 두 눈꼬리며

날카롭게 빛나는 두 눈이며

오똑 선 콧날

또 당찬 입매하고 적당히 큰 키에다

섬세한 기다랗고 가느다란 열 손가락은 다윗 왕처럼 악기를 다룰 줄 아는 보배로운 손이었다.

전광훈이 역공적으로 이렇게 물었다.

"수강자, 너 나 감당 못 할 텐데?"

"왜요?"

강자도 만만치 않았고, 줄다리기가 벌어졌다.

"말씀해 보세요. 설명을요."

"무슨 설명? 네 눈앞에 있는 전광현이가 바로 말씀이고 설명이야."

그리고 일어섰다.

"난 너와 머무는 시간보다 더 찾아다니며 함께 머물러 주어야 할 많은 영혼들이 있어."

"알아요. 그럼 그곳에 나도 함께 가서 머물게요. 이미 나도 목사님이 내 차지만이 아니라는 걸 벌써부터 잘 알고 있었어요."

"아, 그래서 날 그토록 열심히 있는 힘을 다해 밀어내었군. 이 바쁜 내가 이곳 저곳 상한 영혼들을 찾아 주님이 부르시는 대로 가야 하는데 그 발길 네게 멈추고 그토록 삼, 사 일씩 이 다방 한구석에 앉아 어느 날엔 두세 시간을 허비하며 너를 기다리게 해놓고 말야."

"잘못했어요."

"좋아, 그럼 우리."

"네."

결혼 혼숫감이 강남 오십 평의 아파트 한 채에다 그 외 휘황찬란한 갓가지 세간 도구며 곁들인 가정부에 그랜

드 피아노 등

상상도 못 한 무뎁보 엄마가 딸을 위해 사위가 된 전 목사에게 보낸 답례였다.

그러나 이 호화로운 세간 속에 큰 아파트 평수의 명의자가 되어 한 달여 간 수강자와 사는 동안 전 목사는 매일 양심에 가책에 찔려 괴로워하다 이런 제안을 아내에게 내놓았다.

"여보, 수강자. 나 도저히 이 넓고 편한 아파트에서 먹고 자는 동안 마치 내가 죽어 마땅한 죄인이 되어 노상 꿈자리마다 하나님이 나타나서 책망하시기를

'세상에 내려가서 나의 아들 예수가 한 일을 보아라.'"

그랬다.

십자가를 지신 하나님의 아들 예수가 골고다 언덕길을 올라가시며 흘리신 그 눈물과 피방울, 땀방울

누굴 위해 로마 병정들의 채찍까지 맞으시며

"어때 당신은?"

"나도 기도해 볼게요, 삼 일 동안. 그리고 나서 확답 드릴게요."

"좋아, 당신. 당신이 입으로 말한 그 삼 일의 의미는 아는 거지?"

"그러믄요. 주님이 무덤에 갇히신지 삼 일만에 부활하시고."

"내 민족을 내게 주소서."

아하스에로 왕 앞에 자기 민족 유대인을 구하려고 삼일 금식 후에 왕후 에스더가 단행한 일이다.

규례를 어기고

"죽으면 죽으리이다!"

하고 왕 앞에 나가 그 발 앞에 꿇어 엎드려 울며 애원했다.

"내가 어찌 내 민족의 화 당함을 차마 보며

내가 어찌 내 친족의 멸망 당함을 차마 보리이까?"

삼 일 후에 아내의 허락을 받은 전 목사가 아파트와 함께 처분한 세간 등과 그랜드 피아노 값 모두를 가난한 자들에게 나눠주며 복음을 전하였다.

막상 자신들은 답십리 15평 건물 장소로 세 얻어서 목회하며 강단 뒤에 베니다 간벽을 세워 그곳을 사택 삼아 6년 동안 살면서 말이다.

오직 그 외에도 부지기수로 들어오는 모든 수입이나 헌금 등도 모조리 소외되고 가난한 이웃을 향한 구제로 일관해서 교인 수가 하루 몇 차례씩 1부, 2부 나중엔 10부로 나누어서 드리는 예배를 감당 못 할 그야말로

'땅에 티끌같이

동서남북으로 편만해지도록 늘어나서

이에 지금의 중곡동 터에 교회를 옮겨 세운 것'이다.

제 4 부

대한민국이 풍전등화다

대한민국이 풍전등화다.

보수 정당의 궤멸 탓이다.

첫째, 보수 정당 이름 앞에 자유가 빠졌다.

그 고유한 공화당의 이름도 사라졌다.

이승만 대통령 건국 이래 대한민국 정통 보수 정당 이름이 여섯 번인가 탈바꿈을 했다.

자유공화당에서 한나라당, 새누리당, 바른 미래당 그나마 좋았던 자유한국당 정당 이름도 폐기 처분하고 지금의 국민의 힘 당.

저쪽 종북 좌파 세력은 오히려 버젓하게 정당 이름을 민주당이라고 하고 있다.

또한 소수 진보 역시 수십 년째 정당 이름을 정의당이라고 하고 있다.

그런데 왜 대한민국 보수 우파 정당은 이름을 수시로 바꾸면서

무슨 요변떠는 팥쥐, 콩쥐, 뺑덕어미처럼 변덕이 죽 끓듯 하고 진득하지 못한 냄비 근성들이 그러니까 자기 당 여성 대통령을 탄핵 시키는데 모자란다는 국회의원 수 67명을 모아 좌파 정당에다 진수하는 배신을 하였으니

그러니 대한민국이 망한 것이다.

도대체 제 나라 부강하게 만든 그 가엾은 두 내외가
한 분은 북한이 보낸 간첩의 총격에 의해 죽임을 당
하고

뒤따라 보수의 심장인 어버이 박정희 대통령 가슴을
향해 총구멍을 들이댄 나라의 대역적 김재구가 쏜 흉탄
에 아버지와 어머니 두 분을 다 잃고

조국을 위해 목숨을 버리고
하늘에 산화한 저 넋이여
몸은 비록 묻혔으나
나라 위해 눈을 못 감고
무궁화 꽃으로 피었네.
이 말을 전하러 피었네.
포기하면 안 된다.
눈물 없인 피지 않는다.
의지다 하면 된다.
나의 뒤를 부탁한다.

일개 가수조차 이렇게 비참하게 돌아가신 박정희 대통
령의 그 심정을 묘사해서 그의 딸인 박근혜까지 아울러
나랏일을 염려해서 이런 노래 가사를 쓸 정도이면 말이다.

어떡하든 죽을 힘을 다해 보수가 세워서 이룩한 대한민국을
'지키고 또 지켜내서'

그의 딸로 백성들이 뽑아놓은 그 절절한 애국심을 가슴에 한을 품고서라도 지켜냈어야 할 막대한 국가의 존폐가 달린 그야말로
'대한민국 자유 민주주의가 죽느냐, 사느냐'
하는 이 중차대한 대한민국 전체를 책임지고 나가야 할 이 보수 정당이란 국회의원들이 말이다.
어찌하여 우리 우파 국민들만도 못한 애매모호한 보수 변절자들로만 가득 차서
그토록 반공교육으로 초등학교에서부터 가르쳐 온 그 국민헌장에 담긴 조국에 대한 애국심은 잊지 말고 대대손손 우리 보수 우파들이 지켜내야 하는 국민의 의무인 것을 말이다.

어디다 이 배신자 유승냥이란 계파 국회의원 등
특히 민주당이 역선택으로 심어논 이 분탕파 이쿵덕 당 대표를 비롯해서 좌파 정당에다 보수 대통령으로 국민들이 뽑아논 자기 정당의 여성 대통령을 팔아넘기고도 또 그 배신자들이 버젓이

'자기 당 대통령 탄핵은 매우 잘한 일이라며'
2022년도 대통령 후보로들 또 나오겠다고 하는 판국
이니 말이다.

보수의 가치나 이념 따윈 안중에도 없는 이런 자들이
보수 정당 안에 있는 한,
다시 말해
'우리 자유 대한민국을 맡길 수도 없고'

'거죽만 인간의 탈을 썼을 뿐'
그 마음 안엔 사악한 권모술수로만 가득 찬 이 주사
파들을 이겨 낼 수가 없다는 것이다.

그래서 거듭 선거 때마다 패배하고 보수의 궤멸이
라는 이야기에다 이런 국민의 힘 보수 정당으로는 도
저히 희망이 없다는 국민들 간에 널리 퍼진 이 낙심
천만한 좌절감에
'장차 대한민국이 어디로 향해 가는 건지'
선거라고 죽자고 해봤자 모두 차지하는 국회의원 자리
는 더불당에게 170석이나 **빼앗기고**
그러고도 정신들을 못 차리고
'중도, 중도'

타령만 입버릇처럼 되뇌면서
'그래도 보수의 끈을 놓지 못해 국민들은'
'우파 보수 유튜브들은'
사력을 다해 거리 곳곳에서 좌파
'천여 개가 넘는 시민단체들과'
맞붙어 싸우고들 있는데 말이다.

제 나라
'보수의 정당을 지키겠다고'
그 추우나 더우나
'나라를 좌파한테 빼앗긴 원통함을 이기지 못해'
생업을 포기하고서라도 우파 국민들이 모두가 나서서
나라 지킴이로 하루를 시작해서 또 하루를 넘기는데
이런 우파 보수 단체들의 눈물겨운 애국심은 아예 무
시하고 조롱하며 거들떠보지도 않고
'으레히 저것들은 죽으나 사나 마지못해 손가락이 썩
어 문드러지더라도 절대 좌파한텐 표를 찍지 않을 테
니까'
'저런 보증 수표 우파한텐 신경 쓰지 말고 어떡하든
사·오십 대 중도층 그리고 젊은이들 남녀 포함한 대학생
들의 그 표를 모으려면'
'보수 보수라는 색깔을 빼야 하고'

보수는 모두 꼰대 늙은이들만 모이는 정당이라는 이런 비판적 젊은이들이 외면해 버리는

'국민의 힘'

이 절대 보수 정당이라는 말은 아예 꺼내지도 말고

오직 중도층이 원한다면 좌파들이 주장하는 대로

'우리도 종전 평화 협상도 괜찮고'

'낮은 단계 연방제도'

그 표를 의식해서라도 그 정책 방향도 수용해 볼 수도 있다고 하고

박근혜를 비롯한 이명박 보수 대통령은 절대 찾지 않은

5.18 묘역에 가서

「임의 행진곡」

도 부르고

제주도 4.3 묘역에 가서도 문재인과 똑같이

'우리 군경들이 제주도민을 학살한 참사'

라며 그 민노당 공산당들이 일으킨 반란의 역사를 왜곡해서 대한민국 정부에게 돌리고

여하튼 전교조의 교육을 받고 자란 사오십 대 중도층이 바라는 요구 사항은 무조건 사상이 다르고 국가 정체성과 맞지 않든 다 수용하고 들어주고

젊은이들 대학생들만 표로 끌어모을 수 있다면
떡 줄 놈은 생각지도 않는
'김칫국만 먼저 마시는'
'이런 헛물 켜는'
헛방짓만 계속하는, 모조리 젊은이들에게만 들어 맞는 정책들로 다 오히려 돌아오지도 않는 그 중도 표만 바라보며 구애하느라고 엉뚱한 보수 진영의 분노만 사고 있는
'국민의 힘'
소위 보수 정당이 벌이고 있는 작태인 것이다.

그리하여 국민들이 일어섰다.
광화문으로, 광화문으로
너희 국민의 힘 정당에게는 나라를 맡길 수 없다.
60대가
70대가
80대가
우국전사가 되어 전광현 목사가 모이라는 광화문으로 2019년에 열린 10월 3일, 그날엔 그야말로 구름인파 인산인해로 수십만, 수백만의 국민들이 모두 모두 손에 태극기와 성조기를 들고 성난 파도와 같이 밀려들며
'대한민국 만세'

를 외쳐댔다.

미사일을
'한 방'
남한을 향해 쏜 북한에서 성명서가 나왔다.
"야, 삶은 소대가리. 돈 안 보낼래? 너 남쪽 대통령 우리가 만들어 준 그 은혜 이따위 식으로 까먹으면 다 까발릴 수가 있어!"
"아이구! 수령님!"
트럭 열일곱 대가 남한에서 북쪽으로 달려갔다.
기름도 무한정 기름 배를 끌고 가서 주유해 주고
부랴부랴 문재인 비서실장은 대통령 전용기를 타고 사우디 쪽으로 날아가서 수조 원이 넘는 현금 다발을 북한 쪽에다 넘겨주고 온 모양새다.
이렇게 좌파 대통령들이 남한 국민들의 혈세를 끌어모아 북한에다 갖다 바친 돈이 결국 핵무기 핵 마사일로 돌아와서 이 모양 이 꼴로 대한민국 안보와 경제를 모조리 망가트린 이 문재인이 2021년도 새해 벽두 국민들을 향한 연설문이 또 선지자 전 목사의 비위를 뒤집어 놓았다.
바람 불고 비바람, 눈보라 마다치 않고 이렇게 청와대 앞에다 천막을 치고 들어 앉아 금식기도로 시작된 이 광화문 운동이 벌써 십여 년이 다 되어간다.

　그동안 이 애국 운동에 한 번이라도 다녀간 국민들이 일천 팔백만이 넘는데도 철야성 같은 이 좌파 대통령이 점령해서 들어 앉아있는 청와대 안 대통령실에선

'좌파구리나 쳐들고 앉아서'

　영부인은 목젖이 보이도록 하마같이 커다란 입을 벌리고 처 웃고 앉아 놀고 있다.

　주렁주렁 온갖 비싼 패물이란 다 열 손가락 목걸이, 귀걸이 그런 거 안 해도 되는 나이인데 어쩌자고 옷은 또

'수백 벌씩'

　외국 나들이를 제집 안방 드나들 듯 제멋대로 국민 세금으로 호사를 있는 대로 누리는 오만 짓거리는 품위란 건 하나도 없이 천박스럽기 짝이 없이 행동하니

'돈코사코 무리에서 일어나는 아우성'

　교만할 손 공주로다.

　우리들은 주린다.

　이런 백성들의 아우성과 폭풍 비난 소리가 역겨웠던지 그 화살이 대통령 후보로 나선 윤 총장의 아내 거니 여사에게 고스란히 돌아갔다.

아주 떼거리로 더불당 남자 국회의원들이
'거니 여사의 스토커 수준 이상으로 광분해서'
눈만 뜨면 국회 안에서 월급
'천 몇백만 원씩 받아먹는
그 자리가 어느 자리인지 구분도 못 하는 586, 386
'공부라는 건 근처에도 안 가보고
오직 화염병 들고'
저를 낳아준 조국 대한민국에다
'불이나 내지르고'
'반역질이나 일삼던 그 버릇 그대로'
입법을 다뤄야 하는 본연의 업무는 전혀
'몰라라'
도외시하고
소위 남자들이 치사하게 여자 하나 잡아먹겠다고
'쥴리, 쥴리'
상사병에 걸린 미치광이들처럼
'창피한 것도 모르고'
마치 제 것들이 쥴리가 있었다는 그 장소에 드나들어
접대를 받은 것처럼 각본을 써 가며
온 나라 좌파들이 한동아리가 되어'
광기에 들린 듯 흥분해서 광분들 하고 있다.
'왜냐?'

윤 총장은 아무리 들쑤셔봐도 나올 게 없거든.

약 오르지, 음?

다른 후보로 나온 홍카니 배신자니 빗자루 들고나온 싱거비니 뭐 맨날 간잽이가 되어 선거 때만 되면

'시장 후보로 나왔다.'

쏘옥 좌파 박원순에게 자기 표 몰아주는 역할에다 대주주로 있는 '안납'

주가나 잔뜩 올려서 몇백억 수익 챙기고 미국으로 빠졌다가 이번 대통령 후보로 두 번째 또 미국에서 돌아와서 공항 한복판에 넙죽 엎드려 절하므로 신고식 하고

그때부터 또 들썩이는

'안납'

주가가 치오르면 몇백억 수익 올리는 이 장사에다 무엇보다 좌파 후보들에게 도움을 주는 이 도우미 간잽이 나오는

'뭐 그 나물에 그 밥'

중에 신선한 새 인물

"헌법과 법치가 무너져 내린 비정상이 된 나라를 더이상 방치할 수 없어 오늘부터 검찰총장직을 내려놓고 국민을 위한 대통령이 되고자 이 말씀을 대한민국의 주인인 국민에게 드리는 말입니다."

그러니 모두 듣는 사람들의 귀가 번쩍 뜨이고

'소득 주도로 노동자와 사람이 잘사는 나라로 만들 겠다'는

밤낮 귀신 씻나락 까먹는 소리로 국민 염장만 내지르 는 문재인의

'쩝 쩝'

대는 텁텁한 연설만 듣다가 약간은 어쩌다 가끔 목에 서 가랑대는 소리가 나오는 것 이외는 목소리 자체도 아 주 맑고 청아할 정도로 깨끗해서

'그 굵직한 바리톤 같은 정치인들 목소리에 질려있던'

국민들에겐 신선한 음성에다 무엇보다

'새 바람에 새 인물에'

'그 진실됨에 정직함에'

아주 녹아내리듯 윤 후보에게 감전이 되듯 빨려들어서 환호를 하고 당장 내일이라도 투표를 시작하면 따논 당 상인 것이다.

그래서 여야 없이 눈에 불을 켜고 윤 총장이 미워 죽 는 것이다.

'저 대통령 자리를 차지하려고 수년 간을 아니 이십여 년도 공들였는데'

하루아침에 혜성처럼 나타나서 모든 국민의 마음을 사로잡다니

미워 미워

정말 미워 죽을 판이다.

잘못하면 한 칼에 날려 보낼 검투사다.

그것도 구수만에 사법고시에 합격해서 검투사가 된 그의 시간과 세월을 버텨내는 뚝심

누가 그 여유 있는 두둑한 배짱과 뱃심을 이겨 낼 수 있겠는가?

당장에 대통령 후보로 나오려면

'국회의원 경력 몇 번을 쌓든지'

'여의도 정치판에 최소한 물 몇 바가지는 먹어야'

가능한 건데

이 살얼음판 냉정한 정치판엔 전혀 손발 한 번 담아보지 않은 초짜가 말이다.

검사 생활 오직 한길만 가다가

'대통령으로 나서겠다'

고 칼을 뽑아 들고 나섰으니

간이 부어도 너무 부었고, 간덩어리가 커도 너무 큰 것이다.

어느 세계사를 봐도 대통령 자리는 단 한 번에 뛰어들어 승부를 거는 그런 자리가 아닌 것이다.

그런데 검투사가 칼을 칼집에 꽂고 정치판에 뛰어들어
'대통령 후보로 나서겠다?'
　이게 기라성 같은 정치 선배들, 특히 말 잘하는 그 홍카, 유승냥 간잽이 등
　이미 두세 번씩 대통령 후보로 나와 많은 유권자의 머릿속에 각인된 유리한 고지 점령이 얼마쯤은 보장된 텃밭들인데 감히 명함을 내어놓았다가
　이 텃세들에 걸려들어 결국 제 무덤만 파고 죽을 텐데

　"아, 그래도 이기고 지는 건 끝까지 가봐야 합니다.
　그리고 내가 검사로서 칼을 뽑고 나와 달라는 빗발치는 국민들의 요구 소리가 선배 되시는 후보님들 귀엔 들리지 않습니까?"

　"아무렴 그렇구. 그렇구 말구."

　광화문 세력들의 맞장구에 전 목사가
'할렐루야'
　합창 속에 하나님 보좌 앞에 불려 올라갔다.
　엘리아 선지자를 하늘로 지상에서 낚아채서 끌어 올리실 때 보내주신 불병거가 아닌 천사들을 통해서다.

그동안 여러 차례 천군 천사들이 광화문 집회 장소에 오르락내리락하면서 성도들의 기도를 담아 올라가서 하늘 보좌 앞에 내려놓고 울부짖으며 애통해 할 때마다 '일곱 색깔 무지개'로

아니면 갑자기 산에서 피어오르는 연기와 뇌성, 번개, 나팔 소리 등으로 화답하여 왔다.

특히 전 목사가 시무하는 사랑제일교회에 심하도록 이 현상이 일어나서 모두가 신기해 왔다.

오직 복음 전파에 나라를 북한 치하에서 신음하는 이북 백성들과 같이 김정은의 노예 사냥으로 끌고 가려는 이 악한 세력들과 다투는데 전력하며 그 비용을 감당하느라고 전혀 교회 건물을 웅장하게 짓지 않았다.

크나큰 본당 다섯 개의 예배실과 체육관, 교육관, 성가대실 장로들과 부목사 등 그 교회 당직자 직원 수만 해도 2천여 명이 넘는 당회장실 등

어느 곳이나 주님 영접할 수 있는 곳은 장소를 가리지 않고 다 개방해서 하다못해 주차장이든 식당 안까지 언제나 교회 안에는 만인이 와서 기도하고 생명의 양식을 먹고 가도록 하는 낮이나 밤이나 문 열어놓고 주님을 기다리며 만나는 장소였다.

천사들이 우선 보좌 앞에 올라온 전 목사의 얼굴을

덮고 있던 날개를 거두자 눈을 뜬 전 목사가 하나님의
화광 같으신 불꽃같이 불타는 그 눈과 마주쳤다.

　전 목사가 그만 기암을 하고 눈을 내리감았다.
　웬만해선 때에 앞서가는 숫염소고 움킨 것은 놓지 않
는 수사자여서

　천만 대군,
　전광현이를 따라 나라를 위해서라면 목숨을 내놓고
같이 순교하겠다는
　'순국열사'
　'애국열사'
　'결사부대'
　등을 거느리고 좌파 문재인 대통령과도 대적하는 그
가 말이다.
　간이 크기로 유명해서
　좌파 시민단체 앞잡이들이
　'국가내란음모죄'로
　'최고존엄 국가원수 모욕죄'로
　고소, 고발당한 건수가 100여 건이 넘고
　그때마다 감옥소에 포승줄에 두 손 꽁꽁 묶여 끌려가
면서도

"야, 문재인 너!

네가 하나님이 지키시는 이 대한민국을

네놈이 뭐? 존엄한 국가원수라고 나를 모욕죄로 잡아 가길 벌써 세 번짼데

어이구, 개만도 못한 놈이 대통령 자리를 그것도 날강도 같은 종북 좌파 쓰레기 같은 놈들과 공모해서 죄 없는 깨끗한 박근혜 대통령을 뇌물죄로 세월호 해상 사건과 같이 엮어?"

"그 입 다물라."

판사가 주의를 주고 푸른 죄수복을 입고 나온 전 목사에게 물었다.

"왜 그토록 문 대통령을 증오하는가?"

"그가 우리나라 오천만 국민을 다 궤멸시키려고 북한 이북 괴뢰 집단 공산당 치하로 넘기려 하는 주사파이기 때문입니다."

"그 증거가 뭐요?"

"도보 다리에서 돈 수조 원을 처들여서 평화협정이란 전 국민들을 속여 먹는 생쑈 사기극을 펼치면서 억지로 억지로 트럼프 미국 대통령과 함께 남한으로 오게 한 그 뚱땡이 어린놈의 김정은 품에 안겨 울 듯이 감격하며 그 손아귀에 넘겨준 USB입니다."

"그럼 피고가 그 문재인이 간첩이란 증거물로 청구한 이 국가 기밀정보 전체가 담긴 USB가…."

"네, 도보 다리에서 김정은에게 넘긴 그 USB를 피고인 이 문재인 대통령에게 그 증거물로 이 재판장에서 제시하여 달라는 청구입니다."

그러나 문재인은 이 요구에 응하지 않았고, 전 목사는 세 번째 재판 과정에서 모두 무혐의가 되어 풀려났다.
재판정에서 그가 남긴 말
유관순 열사와 같았다.
"조국을 위해 바칠 목숨이 하나인 것이 원통하도다."

이 억울한 감옥 안에 수십 개월

억울할 수밖에
십계명에서 하지 말라는

부모를 공경하지 아니했느냐?
살인을 했냐?
간음을 했냐?
도둑질을 했냐?
거짓말을 했냐?

이웃을 해하려고 거짓 증거를 했냐?
이웃의 아내나 그 남종이나 여종이나 소나 나귀나
그 이웃의 소유물을 탐했느냐?

오직 나라를 위해서다.
자유 안에서 사는 민주주의를
헌법을 파괴하고
법치를 무너트리고
비정상이 정상을 뒤집어엎어서
자유대한민국을 도적질하려는 이 날강도 종북 좌파
들한테 내 조국 내 나라 빼앗기지 않으려고
국민을 위해
떼에 앞서가는 숫염소처럼
움킨 것은 놓지 않는 수사자처럼
울부짖으며 사력을 다해 이 승냥이 이리떼 악한 짐승
좌파들에게 앞장서서 맹수처럼 피 흘리며 싸우는 그를
또 채찍질하고 감옥에 가두고
이런 불의함이 정의를 이겨 먹는 암흑의 지옥문이 열
린 대한민국.

어떤 재판 과정에서는 일 년도 더 걸리는 목자를 잃은
양떼들이 재판이 열리는 법정 앞에 몰려가서 얼마나 탄

식하며 기도하며 하나님 앞에 울며 간구하였는지

또 비바람을 맞으며

하얀 눈보라를 맞아가며

울고 또 울며 하나님 앞에 매달렸다.

이때도 천사가 내려왔고, 쌍무지개가 하늘에서 뜨고 있었다.

그때마다 국민들도 전 목사가 선지자라는 걸 인식하기 시작해서 그가 모이라면 교인들만이 아닌 전 교파를 초월해서 믿지 않는 국민들도 함께 몰려나와 광화문 세력이 되어 갔다.

외국에 거주하는 동포들도 속속들이 그가 이끄는 집회에는 비행기를

타고 와서 참석하고 많은 후원금을 애국 집회운동에 참여하여 힘이 되어주고 있었다.

"눈을 뜨라."

"아닙니다. 하나님의 얼굴을 보고 살아날 자가 없습니다."

"모세에겐 그랬지. 네가 선 곳은 거룩한 땅이니 네 신을 벗으라. 가까이 오지 말라. 그러나 너를 내 보좌 앞에 끌어 올린 건 너와 너의 성도가 갸륵해서다.

어찌 그리도 진심인지 너도 변함없지만 네 지도력을

따라 코로나로 문재인이 교회를 없애려고 교회 문을 닫게 한 그 숫자가 2만여 개가 넘고, 그 웅장하게 지은 예배실 순복음교회한테도 성경을 재단에 놓지 말고 치우라 하면서 핑계가

'코로나 균이 그 성경책 안에 묻어서 절대 그 성경책을 만져서도 안 된다.'

하는 지시였지.

성전 안에서는 여당 대통령 후보로 선출된 제 형수 그 아랫도릴 칼로 쑤셔 찢어놓겠다는 그 찢 x지로 유명한 이죄만이 문재인한테 제시를 했는지 x구멍 '19'명만 예배드리라고 하고 말이다.

그 구에덴 교회 목사인지 나한테 올리는 예배 때마다 자가도취에 빠져 유행가 가락부터 빼대고

제 놈이 쓴 시쪼가리나 읽어 제치고

문재인한테 수 대로 목사란 것들이 불려 가선

마치 파리처럼 손을 싹싹 비비며

'x구멍 19명이라도 예배를 올리게 해주셔서 감사합니다.'

하고 말이다.

쳐 죽일 놈들.

이런 교회 안까지 침투해서 먹혀버린 좌파 목사가 넘쳐나는 이 한심한 나라 대한민국 안에 끝까지 내가 어릴 때 너를 지적하여 세운 그대로 그 선지자가 되어 군대 이상으로 조직화된 단단한 믿음의 용사로 너의 교인들을 잘 키워냈으니 정말 잘하였도다.

문재인 이놈이 대한민국 전체 중에서도 가장 국가의 대들보인 안보 기관 군대부터 그 기강을 무너트려 싸워야 하는 군인들 손에 총칼 대신 핸드폰이나 들려 쥐게 하고, 수시로 인권 문제로 상사를 고발하는 이런 개차반이 된 너의 나라가 바야흐로 무너지기 일보 직전에

내가 하늘 보좌에 앉아 보아하니

너를 감옥에 가둔 그 무리들이 코로나로 역습해서 온 교회의 문을 닫게 하고 나머지 너의 교회가 유일하게 그 문재인의 지시를 따르지 않고 계속 나의 앞 재단에서 예배를 드리자

그걸 막으려고

2백 명의 용역들과

수백 명의 경찰들과

재개발 조합장과 조합원들이

한밤중에 기습해서

너희 사랑교회 전체를 횃불로 에워싸고 모두 건물을

부서트리려고 달려드는 그 급박한 상황에

　사방에서 이 소식을 들은 너희 교인들이

　원근 거리에서 벌떼 같이 몰려들어 사생결단으로 교회 앞을 막아서고 있는 그 험악한 용역들과 맞서 싸우며 기어이 나의 몸 된 교회 안으로 몰려들어 가서 내게 울며 기도부터 하고 그 한 장로는 신나통을 교회 종탑 꼭대기에까지 들고 올라가서

　'만약 나의 주님의 교회를 코로나로 중지시킨 예배를 보았다고 해서 교회 전체를 폐쇄하고 나의 사랑교회마저 북한 공산당식으로 파괴하겠다면'

　차라리

　'내가 이 신나통으로 내 몸에 불을 질러 분신을 할 터인즉

　자, 우리가 눈물과 기도로 세운 우리 주님의 몸 교회를 허물어 보아라.'

　하고

　신나로 자기 몸에 내리붓고 분신자살을 하려 하자 이에 겁을 먹은 용역들과 경찰들과 재개발 조합원들이 물러나고

　그때부턴 절대 나의 몸인 사랑교회에는 얼씬도 못 하게 하여 살아남게 하였으니

잘 키웠도다.

나의 종 전광현아,

네가 하루 이틀도 아닌 그 애국 운동을 20여 년간 변치 않고 그 긴 세월에 맞서 싸워오면서 지금껏 이 나라를 지키겠다고 버텨온 그 힘은 네가 너의 교회 교인들을 오직 믿음의 용사로 너의 나라 군대보다 더 강한 구국열사로 진두지휘해 온 너의 그 탁월한 지도력의 힘이 네 안에 있기 때문이다.

너 아니면 누가 이런 일을 감당하겠느냐?

너희 나라 군대 지휘관들도 자기 부하 군인들에게 하지 못하는 그 수만, 수십만, 수백만 명의 광화문 세력을 이끄는 데는 너를 따르는 믿음의 군대로 키워 낸 너의 교인들의 공로 또한 크다는 것이다."

그리고 천사들에게 명령했다.

"나의 종 선지자 전광현을 다시 세상 속으로 내려보내라.

그가 할 일은 이제 2022년도에 있을 대통령 선거에서 윤 총장을 힘써 도와 광화문 세력과 함께 대한민국을 살리는 일이로다."

발등에 불이 떨어졌다.

여당 더불당이 아닌 국민의 힘 분탕파 이쿵덕 당 대
표다.

그 좋은 젊은 나이 27세에 벌써 섹스만을 밝혔는지

성상납을 그것도 두 차례씩 그 남성 발기에 좋다는 비
아그라인지를 복용하고서다.

아마 밤을 새워 하고 싶었던 게다.

여자와 성교를 할 때 말이다.

성교하는 것을 빨리 끝내고 싶지 않아

계속해서 죽지 않고 고추가 빳빳하게 서서

그다음 날엔

'아, 살 빠졌다.'

하는 SNS에 글을 올린 걸 보면 말이다.

정치판에 발을 들여놓게 된 그 뒷배경부터가 틀려
먹었다.

국회의원으로 두세 번, 거기다 새누리당 때 당 대표까
지 하게 해준 그 박근혜 대통령에 대한 보답을 배신으
로 탄핵에 앞장선 유승냥인 것이다. 거기다 더불당 민주
당이 역선택으로 국민의 힘 당 안에다 심어논 첩자이다.

그래서 발등에 불이 떨어졌다는 것이다.

이미 공소 시효가 지난 십여 년 전의 성상납이며 또

다른 숨겨논 동거녀와 살면서 『조선일보』 여기자와 찜질
방에서 만나 질척대고 그다음 날부터 호텔, 여관 등으
로 유인해서 잠자리를 즐기다가 이 동거녀가 이 사실을
알고 무슨 당 대표가 되었다고 뻔질나게 혁신 운운하면
서 젊은이들을 대변인으로 뽑는다며

'나는 국대다.'
하는 시험장을 차려놓고
한창 지원자들의 대변인에 임하는
'정견 발표를 하는 도중에'
동거녀가 들이닥쳐서 이쿵덕의 머리끄댕이가 뒤로 잡
혀 조선일보 부근 쪽으로 끌려 나갔다.
이 파문으로 유승냥 계파들의 손길이 뻗쳐있는 입김
들이 작용해서인지 『조선일보』 여기자는
'사직서를 내고'
그 길로 미국으로 떠나야 했다.
물론 이런 사실들은 그동안 비밀에 싸여 아무도 국민
의 힘 안에서 일어난 이 난잡한 여자관계가 많은 당 대
표에 관해서 일절 내색조차 하지 않고 꽁꽁 숨겨두었다.
나중 이쿵덕의 성상납이 대통령 선거 기간에 터져 나와
'미국으로 떠났었던'
여기자가 귀국하여 이런 불륜 관계를 우파 유튜브

'가로세로 연구소'에서
폭로하기 전까지는 말이다.
드러나지 않았다.

이미 한 달
'2천만 원이 나오는'
　당 대표라는 권한을 쥔 36세의 이쿵덕의 정치 이력은
그야말로 낙제 점수인 0순위 빵점 자리였다.
　그동안 두세 번씩 유승냥의 뒷배경으로 줄기차게 국
회의원 공천을 받아 출마하였지만, 그때마다 보기 좋게
정치인 낙점 점수로 떨어졌는데도 불구하고 보수에선
유일한 대 정당인 국민의 힘에 그 꼰대라는 당의 이미지
탈바꿈에 젊은 피를 수혈해서 젊은 층, 특히 중도에 가
까운 유승냥 게파들의 지원사격까지 총동원해서 국민
의 힘 당원들의 의사와는 정반대의 당 대표가 되었으니
말이다.
　불 보듯 뻔한 그 당 대표라는 국회의원의 공천권을 쥔
당 안에서의 분탕질은 이미 예고된 바였다.

　그 망둥이 눈같이 생긴 희끄무레한 두 눈동자를 여과
없이 사람들과 대화할 때 단단히 고정시켜 놓지 못하고
마구 이리저리 굴리면서 상대방의 말을 듣는 건지 마는

건지 하는 당 대표를 보고 있노라면

'도무지 믿음이 안 가'

'속에 있는 말을 믿고 말했다간 그다음 날로 녹음기가 장치된 핸드폰을 통해 다 까발려져'

그러니 비밀을 지켜주지 않는 이런 당 대표에게 대통령을 2022년도에 뽑고 난 다음 2년 후에 가파르게 치러지는 국회의원 선거가 또 그만큼 당이

'죽느냐 사느냐'

하는 이 기로에 서게 되는 한마디로 106석밖에 안 되어서 노상 더불당 169석에 밀려 전혀 힘을 쓰지 못하는 무기력한 국민의 힘 당의 위상인데 말이다.

배신자로 국민의 힘 당원들에겐 철저히 박근혜 대통령을 탄핵하는 데 앞장섰던 유승냥을 아예 그 합죽한 입 모양부터 보기 싫어해서 그가 혹 TV 화면에라도 나타나면

'저 배신자'

진저리를 치며

'홱'

보고 있던 화면을 꺼버리던가 다른 채널로 돌려버리는 당원들이 이렇게 증오하며 싫어하는 유승냥을

'대통령으로 만드는 게 소원이고'

자신이 그다음 대통령이 되려고 하는 이 야심이 난데 없는 윤 총장의 등장으로 이 모든 계획이 뒤틀려지게 된 것이다.

"만약 윤 총장이 대통령이 되면 지구를 떠나겠다."

하고 말한 그때부터 온갖 분탕질로 윤 총장을 타격하기 시작했다.

당원들이 이쿵덕에게 몰려가서 조목조목 따지면서 묻기 시작했다.

상대방 진영은

그 형수 x구멍을

'칼로 찢으면 좋겠니? 이 씨팔 년아.'

이런 쌍스러운 인간을 말이다.

그동안 살아온 치적이란 게 온통 눈을 씻고 봐도

'우리 당 윤 후보처럼 깨끗하게 살아본 적이 없는'

가지가지 흉물스러운 더럽고 더러운 악독한 범법 범죄자인데

더 무서운 건 북한 간첩 집단과 연류된

'경기북부연합 이적단체만이 아닌 집단적인 개딸 종북 좌파들의 지원을 받고 대통령 후보 자리를 꿰찬'

저 여당 쪽 이죄만은 전혀 씹지 않고 국민들이 좋아하는 자기 당 윤 후보만 여러 언론 매체 등을 돌아다니며

이 관종병에 걸린 중환자가

제 증후군은 고칠 생각은 전혀 하지 않고

윤 후보를

'굴러 온 돌이다.'

'수입산 쇠고기다.'

'잡채 안에 든 당근이다.'

'그런데 나는 그 당근을 안 먹는다.'

'양두구육'

비방하며

'저거 저거 대통령 후보로 나와봤자 삼십 일 안에 있을 후보자 토론회 때 말 잘하는 기존 선배 후보들한테 밀려 탈락이다.'

그래서 물으러 온 것이다.

'우리 당에 왜 왔니 왜 왔니 왜 왔니?'

'보수 우파 망치려고 왔단다 왔단다.'

'자격 없다 자격 없다. 당 대표 내놔라.'

'어림없다 어림없다 대통령이 꿈이다.'

'돌았구나 돌았구나. 민주당에 가서 해라.'

'싫어 싫어. 나는 국힘 당 대표다.'

'이 일을 어쩐담 어쩐담 어쩐담.'

고민에 쌓여 당원들이 돌아간 다음 날부터 그런데 윤

후보가 대형사고를 일으켰다.

전두환 대통령을 좋게 평가했기 때문이다.
'일부 잘못한 점도 있지만 경제만은 참 잘하셨다.'
5.18 유족들이 가만있겠는가?
전두환의 비석을 넘어트려서 그 얼굴을 구둣발로 짓밟고 온갖 모욕을 수십 년이 지나서도 대천지 원수가 되어 무서운 적대감만 들어내는 이 증오심에 불을 질렀으니 말이다.
그래서 초짜인 것이다.
'정치는 아무나 하나?'

한때는 대학 시절 때다.
법정 5.18의 모의 재판장이 되어 전두환 사령관에게 사형이란 구형을 내렸다가 저 강원도 외갓집 권성동이 사는 동네로 피신까지 했었다.
정작 나이 60줄에 들고 정치판에 뛰어들다 보니 이런 다소간에 견해쯤은 말할 수는 있어야 민주주의 사회인데 말이다.
'어디다 감히 좌파 정권이 장악한 이 사회주의 대한민국에서 바야흐로 성역화가 되어버린'
그 누구도 입 밖에도 5.18과 다른 이야기를 꺼내 들었

다간 집중 포화에 살아남은 적이 없는

'그것도 대통령 후보 입장에선'

'옳다구나. 바로 오늘이 기회구나.'

하고 포획된 사냥감에 수 대로 이빨을 드러내놓고 달려든 것이다.

윤 후보 진영에서 줄기차게 권했다.

'대국민 사과 발표를 해야 합니다.'

오히려 이 말을 한 윤 후보를 보수 우파 국민들은

'우리 윤 후보 파이팅'

환호하는데

'어쩌겠어. 좌파 진영에 사로잡혀 있는 유권자 표를 의식해서라도'

전혀 윤 총장이 사과하러 국민 앞에 머리 숙이지 않을 거란 우파, 특히 광화문 세력들은 철석같이 믿고 있었는데 말이다.

그다음 날 이른 아침, 잠 한잠 못 이룬 자존심이 있는 대로 구겨진 윤 총장이 얼굴색도 어둡고 기운도 없어 보이는 초췌해진 모습으로 기자회견장에 나타나서 결국 고개를 숙이고 사과를 하므로써 좌파 진영은 쾌재를 부르고 우파 진영은 실망감에 빠져버렸다.

'조선 제일 검찰총장의 검도 정치판에 나오니 별수

없구나.'

'녹슬었어.'

'저 녹슨 칼로 어떻게 이 만연해진 헌법과 법치가 무너진 사회 기강을 바로잡지?'

하고, 그때 많은 광화문 세력들이 그의 지지층에서 빠져나갔다.

그런데 그의 작전에 모두 걸려들었다.

정치판에 뛰어든 초짜가 국민들의 입방아에 올라서 무슨 파장이든 국민적 관심과 시선을 집중시켜야 하겠기에 다른 기존 정치인과는 다르게, 그것도 대형 대통령 후보로 나온 이상 호되게 신고식도 치르고 좌파 진영에도 알려져야 하는 효과로

'전두환 발언'은

대대적인 홍보 효과가 되었다.

바로 국민 사과를 발표한 그 오후쯤에 개사과가 전 메스컴을 타서 또 대한민국 전체를 그의 생각대로 뒤집어 놓았다.

좌파 진영이 펄펄 뛰었다.

개가 사과를 입에 문 동영상 사진이 윤 후보 진영에서 뜬 것이다.

'그럼 국민 앞에 사과한 것이 개나 하는 개사과냐?'

'누가 그 사진을 찍어 동영상에 올려 배포했지?'
'그 개사과 사진을 찍어 올린 범인을 잡아내라.'
'김거니냐? 개사과 동영상을 찍은 장소가 거니가 근무하는 사무실? 아니면 윤 후보 안방인지 밝혀내라.'
'밝혀내!'

고개 고개,
열두 고개

그러나 모두가 부인했다.

'아닌데요? 그런 장소 모두 아닌데요?'
'그럼 사과를 입에 문 그 개는 누구 집 개냐?'
'호호호.'
유명 화가 전시회로 명성을 떨치는 김거니가 웃고 나서
'모르겠는데요.'
참 유치찬란한 정치 공방이란 게 맨날 제자리에서 맴맴 도는 다람쥐 쳇바퀴 돌 듯하니
적당히 넘어갈 줄도 모르고
개가 입에 문 사과 사진 한 장 가지고 사생결단의 공방으로 종일 날을 지새우고 대형 사건으로 몰아가는 데만 169명의 국회의원님들이 집중 사격 포문을 열고 화력

낭비들을 하고 있으니 말이다.

아침에 사과문을 올린 윤 총장이 사과를 강요한 좌파들을 향해 울화통이 터져서

'에이, 엿 먹어라.'

하였는지 모른다.

'쪽팔려서.'

그다음엔 야당 후보들과 유세 토론장에 큼직한 손바닥 안에

王 자를 달고 나왔다.

'나는 대통령이 되고 말 왕이로소이다.'

선전포고였다.

졸개 같은 것들

네놈들 아무리 논바닥에 처박혀서 맨날 울어대는 개구리처럼, 맹꽁이들처럼 울어대고 짖어봐라. 대통령 자리는

'내 손바닥 안에 있소이다.'

너희 여야 모두 합쳐 광화문에서 나를 지적하여

'저 문재인이 하는 대통령 연설은 북한 김정은이 하는 연설이고

오늘 2021년도 새해 벽두에 윤석열 검찰총장이 하는 저 연설이 바로 대통령이 하는 연설입니다.

국민 여러분, 오늘부터 대한민국의 대통령은 윤석열입니다.'

모두들 들으셨지 않았습니까?

광화문 수십만, 수백만, 수천만을 이끌면서 오직 비가 오나 눈이 오나 좌파 정권에게 빼앗긴 대한민국 민주주의를 우파 정당으로 찾아오기 위해 사력을 다해

'젊은이들이 보이지 않는다고'

'조롱하고 비웃으며 무시하는 그 광화문에'

'더위와 추위와'

좌파 박원순 서울 시장의 무지막지한 경찰 등을 동원한 집회 방해 공작에도 불구하고

'이 나라를'

어르신들인 60대와 70대와 80대와 90을 바라보는 부모들이

'6.25 전쟁으로 남한을 공산군 침략에서 지켜내고'

국가의 빈곤을 박정희 대통령과 함께 대한민국의 가난을 물리치신 '어른들이'

'모조리 궐기해서 좌파들과 맞장 떠서 싸워가며'

오직 애국심으로 하나가 되어 선지자 전 목사님이 선포하시고 지도하는 그대로

'나, 윤 후보를 대통령 후보로 지적하며 대한민국 국민

이 다 듣는 광화문 광장에서 선포한 나 윤석열이 그래서 선지자가 지적한 그 예언 그대로 믿고 따르는 마음에서 내 손바닥 안에 그분이 직접 하나님의 지시로 써 주라 한 이 왕 자를 손바닥 안에 그려서 나온 겁니다.'

윤 후보의 속으로 하는 판단이고, 왕 자를 손바닥 안에 쓰고 나와서 하는 생각이다.

난리버거지가 났다.

'천궁 도사가 써 주었네.'

박근혜 대통령을 이런 식으로 끌어내린 그 전과범들이

'무속인이 써 준 부적을 달고 나왔다.'

주장질을 해대고 수염이 허연 천궁 도사인지 하는 무속인을 내세워 갖가지 음모론으로 그날부터 집중포화에 인신공격으로 온갖 비방들을 퍼부었지만 말이다.

전 목사 뒤에는 누가 계신가?

전 세계를 보좌에 앉으셔서

'특히 교회가 전 세계 지구상에서 가장 많은'

애국가에도

'하나님이 보우하시는'

전지전능의 여호와가 불꽃 같은 눈으로 감찰하시며 결코 악독무도한 좌파에게 점령당한 대한민국을 좌시

하지 않으시고

'칼을 빼 드셨다가'

　기도하는, 특히 광화문에 나와 울부짖으며 매달리는 어르신들의 국가를 결코 좌파 정권에 다시 빼앗길 수 없다고

'죽으면 죽으리이다.'

　하고 목숨을 내놓고 후대에 대한민국을 젊은 자식들에게 물려주기 위해 죽기 살기로 매달리며 투쟁하는 그 부모들의 애국심을 받아들여 여호와가 친히

　윤 후보에게는

"내가 너를 복중에 짓기 전에 너를 알고 네가 태에서 나오기 전에 너를 구별하여 2022년에 치러질 대통령 후보에서 너를 대한만국의 대통령으로 세웠나니

　윤석열, 너는 내가 너로 맞서 싸우는 후보들을 그 진작에 네 손에 들려주었던 그 검사의 검으로 찌르며 뽑으며 파멸하며 파괴하며 넘어트리며 건설하며 심게 하듯 하였노라."

　전 목사에게 명령하셨다.

"선지자 전 목사, 너는 허리를 동이고 일어나서 모든 후보에게 가서 다 고하라.

　이는

다른 후보들은 다 치우쳤으며 다 더러운 자들로 선을 행하는 자가 없나니 단 한 사람도 없도다.

이는 바로

제 나라 대한민국 국민을 버리고 오직 그 종북 좌파의 우상 덩어리 김정은한테 가서 절 한 자들에다

우파 후보라고 나온 것들도 다 배신자의 경력에다 사악한 전과자들로

제 나라 최초로, 그것도 천하의 악랄하고 무도한 공산당 이북에서 급파한 간첩이 쏜 흉탄에 그 어여쁘고 고결한 목련같이 아름답고 자애로운 제 국모를 죽인 그 잔인무도한 종북좌파 놈들의 의해 그 어미 육영수를 잃고

거기다 더욱 통분하고 억울한 그 가엾은 박정희 대통령을 애석하게도 아끼던 부하 김재규에게 궁정원 안에서 나랏일에만 온 힘을 다해 일절

'오직 내 일생 내 민족과 내 조국을 위해 바친'

이런 전무후무한 대통령을 가진 나라가 전 세계에도 없는데 말이다.

어쩌자고 이 거룩한 애국자 어버이 박정희 대통령을 잃은 백성들이 가는 곳마다

'제발 그렇게 나랏일만 하시다가 돌아가신 그 두 분 부모님의 뒤를 이어 대통령이 되어주세요.'

하는 폭풍 열화와 같은 애국 국민들의 빗발치는 요구에 의해 세워진 그 가엾은 부모 잃은 그 최초로 뽑힌 여성 대통령을 모두 권력에 눈알들이 까 뒤집혀 탄핵이란 천하에 두고두고 저주받을 그 못된 짓들을 한 이것들에게 가서 외치라.

다음 2023년도에 대한민국 대통령은 너희 후보들이 아닌 윤 후보이다."

한동훈 검사도 이런 모든 상황을 여러 TV 등의 화면을 통해 생생하게 보고 있었다.

그러면서 그럴수록 이 거친 대선이란 전쟁 한가운데 태풍처럼 몰아치는 윤 후보의 그 유세장의 열기와 가는 곳마다 구름처럼 몰려드는 새 대통령 후보로 나선 검찰총장에 대한 막중한 기대감

'제발 저 문재인 좌파 정권에서 모두 파괴해 버린 저 대한민국의 반역자들을 바로 검사의 칼날로 모두 베어 날려버려 주세요.'

그때마다 어퍼컷 한 방으로 여당 후보 이죄만을 제압해 나가는 그 용기와 뚝심.

정말 그리운 사람이다.

또 거니 여사

만나면 반가워서 함께 마주 보며 식사를 나누고 대화를 나누며 웃고 즐거워하였던 때가 바로 엊그제였는데

이제 멀리 떨어져

벌써 이·삼십 대의 나이도 지나 사십 대 후반이다.

'같이 등을 보이고

같은 방향으로

뒷짐을 지고 바라보며'

'이야기를 나누며'

'주먹을 꾹 쥐고'

'어깨를 나란히 맞대고'

'서로 간의 의견을 나누고'

어느 때는

'같이 빽빽하게 몸을 맞대고 거의 한몸처럼 하나가 되어 소파에 앉아 서로가 기대면서 사진도 찍고'

검찰총장직을 내려놓는 그 힘든 일을 앞두고 대구 지방청을 찾아오는 윤 총장을 맞이하는 그 대열 한가운데서서 기다렸을 때의 그 회상 등이다.

마지막 고별인사를 제일 먼저 대구를 찾아와서 하려는 윤 총장이었었다.

수십 명의 검사들이 도열해 서 있는 그 한가운데서 기

다리고 있다가 서울에서부터 타고 온 검찰총장의 차에서 내려 지방청 현관 계단 앞에 서서 다가오는 윤 총장을 향해 손을 내밀어 서로 얼굴을 마주 보며 악수를 하였었다.

비록 서로 바라보면서 아무 말은 안 하였지만 서로를 바라보는 눈길로 뜨거운 가슴속에 담고 있는 그리움과 서로를 향한 신뢰들을 한 검사는 굳게 다문 입술 사이로 흘러나오는 옅은 웃음으로 사나이다운 굳센 표현으로 나타냈었다.

윤 총장 역시 그 가장 아끼고 사랑하는 후배 검사와 마주 잡은 그 큼직한 손안에 힘을 주며 오랫동안 각별한 애정을 말없이 바라보는 그 눈빛으로 나타내고 있었다.

'조직을 너무 아끼고 사랑해서'

'조선 제 일의 검사'
라는 명예를 얻을 수 있도록 커다란 가슴을 내어주며
'너는 무슨 수사를 독립투사 모냥 밤 새워 가며 하냐?'
은근히 칭찬을 해주는 그 사기를 돋아주던 그리운 말들
'나 홀로 이렇게 먼 곳에 유배 와서 벌써 3여 년 간의

세월을 여위다니'

윤 총장도 잠시 검사직을 떠나 변호사직을 맡았다가 밤늦게 수사를 끝내고 나서 먹는 그 짜장면 냄새가 그리워서 다시 검사의 본직으로 돌아왔었다.

온 밤늦게 수사 기록 검증을 끝내고 먹었다는 그 맛있는 짜장면을 아직도 잊지 못하고 있을 텐데 말이다.

만약

문재인 대통령의 민정수석 조국을 2020년도에 전광현 광화문 세력이 법무부 장관 자리에까지 오르고 문재인 다음 좌파 정권 후임자로 낙점된 그 조국을 그 자리에서 끌어내지 않았다면 말이다.

2022년도 윤 총장이 나오는 대통령 선거가 보수 정당 국민의 힘으로 실행될 수 있었을까?

조국은 문재인 이상으로 공산당의 스탈린과 카를 마르크스 등의 신봉자로서 그가 쓴 논문에

'기독교인의 숫자를 10만 명으로 줄여야 한다'는

이 사상을 알고 전 목사가 앞장섰다.

박근혜 대통령의 국정원 댓글 수사가 발단이 되어 여

야 국회의원들만이 아닌 민노총 세력들이

　'우파 헌법관들까지 탄핵에 가담하도록'

　협박하여 기어이 끌어내린 그 대통령 자리에서 사람을 잘못 보고 말이다.

　'살아있는 권력에도 가리지 말고 수사해 달라.'라는

　그 주문을 박근혜 댓글 사건보다 몇천 배가 뛰어넘는 바둑이 소위 문재인의 바둑이 김경수가 조작한 드루킹 사건으로

　'2018년 홍카, 간잽이, 유승냥 등 그 단골 이정미, 심상정 진보당을 포함해서'

　문재인 후보 남편의 유세를 돕는 김정숙 여사가 암호적으로 바둑이 드루킹 사건을 가리켜

　'경인선으로 가자.'

　하는 이 암묵적 신호탄을 쏘며 몰수이 다른 여당 후보들의 표를 도적질해 간 이 사건을 깜빡 권좌에 앉아 잊어먹은 이 문재인 삶은 소대가리가 말이다.

　박근혜를 탄핵으로 몰아가게 한 댓글 수사를 총지휘한 대가로 그 당시 유배지에서 찬밥 신세가 되어 떠돌던 윤 검사를 불러들여 한꺼번에 세 계단이나 높은 부장검사 자리에 이어 검찰총장 자리에까지 끌어 올리면서 청와대 안에서 임명장을 주면서

'살아있는 권력에도 엄정한 수사를 가리지 말고 과거와 같이 해달라.'

하는 제 무덤 제가 파는 부탁한 그 말 그대로 드루킹 바둑이 김경수를 수사해서

'감옥에다 가둬놓고'

뒤이어 칼날을 조국 수사에 시동을 건 전 목사에 이어 검찰총장의 지휘를 받은 조선의 제일의 검, 한동훈 검사가 조국 수사로 날카로운 검사의 칼날로 무차별적인 그 가족 전반에 대한 온갖 가족 비리는 물론

'그 부모까지 어마어마한 학원 안에 얽힌 비리'

로 자신의 뒤를 이으려 했던 조국이 근무했던 청와대 민정수석실 안까지 수사하려는 검사들의 출입을 청와대 문 앞에서 막아버리고 '광화문 세력에 의해'

법무부 장관 자리에서 20여 일도 못 채우고 물러난 그 법무부 장관으로 추미애를 임명하고

그때부터 검사들을 향한 학살이 시작되었다.

윤 총장의 수족들인 검사 사오십여 명을 모조리 유배지로 보낸 그 척결의 가장 먼저 이 조국 수사를 총괄하여 하루 수십 번씩 조국 자택까지 기습해서 모든 범죄를 밝혀낸 한동훈 검사에게 직격탄으로 날려보낸 계기가 된 것이다.

그러니 선지자
'전광현이 없었다면'
조국 수사가 가능할 수가 있었겠으며
'한동훈과 윤 총장이 없었다면'
조국이란 거대한 좌파의 대열에서 선두주자였던 그를
그 권좌에서 끌어내어 그 가족의 비리를 일망타진할 수
가 있었겠으며
'박근혜와 이명박 보수 대통령을 탄핵으로 몰아낸 그
전과자들의 집단과 같은 국민의 힘'
에는 절대 들어가지 말라는 주위에 권고를 물리치고
'호랑이 굴로 호랑이인 그 전과자들의 별들을 수없이
달고 있는 기존 선배들과 마주쳐서'
혈혈단신 혼자의 힘으로 보수 우파 대통령 자리에 오
르려는 윤 후보가
'분탕파 이쿵덕의 그 엄청나게 분포된 그 세력들의 방
해공작에서 견디어 내서 목숨을 건질지는'
모두가 아연한 심정으로 바라보고 있는 것이다.
안 돼, 안 돼, 그러면 안 돼.
청바지 입고 빨간 모자 쓰고
놀러만 다니지 말고
공부합시다, 공부 공부.

'신경 꺼'

'그럴 줄 몰랐어?'

빌리 그래엄 목사의 급히 걸려 온 전화

"하나님의 은총이 트루먼 대통령님에게 함께하시길 빕니다.

빨리 한국으로 미군을 파송하십시오.

그렇게 안 하시면 하나님의 저주가 내립니다.

한국에는 50만 명의 기독교인이 있습니다."

그러나

1948년 이승만 대통령의 간청으로 한국에 들어와 주둔해 있었다가

이미 북한 공산당원 박한영에게 점령당한 서울과 제주도에는 4.3 사건의 주동자 민노당의 김덕산에게 점령당한 정세여서

'미군 고 홈'

민족 분란을 일으키며

'미군 고 홈'

외치는 홀대 당한 미군 주둔의 철수를 강행해 버린 미국 대통령 트루먼이 당장에

'한국에서 전쟁이 일어났다.'

하는 전쟁 상황을 별장에서 휴가를 즐기고 있던 중

한밤중에 걸려 온 빌리 그래엄 목사의 전화를 받고 한국에 대한 노여움과 증오심에 불타

'신경 꺼.'

제 나라 지켜주러 간 미군한테

'미군 고 홈'

그래서

"'미군 고 홈' 해서 미군을 쫓아낸 한국에서 전쟁이 일어날

그럴 줄 몰랐어?"

거부하다가

"빨리 하나님을 믿는 50만 교인들이 있는 대한민국을 구하러 미군을 보내주지 않으면 하나님의 저주를 받습니다."

하는 이 경고에

'미군이 다시 한국으로 들어와서 6.25 전쟁에 참전하여'

오늘의 대한민국을 공산당 침략으로부터 막아주는 한·미군사 동맹이 맺어졌다는 사실을 말이다.

공부합시다, 공부 공부.

"아유, 이 자식을 그냥."

윤 후보가 자신이 사는 안방 커다란 침대에 앉아있다

가 거의 똑같은 탤런트 주현 배역이 했던 목소리의 억양과 엉덩이를 들었다 놓는 그 연기까지 똑같이 흉내를 내는 바람에

"하하하."

그만 함께 있던 SBS 출연진들을 모두 뒤로 나가 자빠져서 뒹굴도록 하는 대단한 웃음 폭탄을 터트리게 해서 이 방송을 보고 있던 시청자들에게 같은 웃음 소리로 즐거움을 주고 또 다른 윤 총장이 갖고 있는 재능이 있다는 것도 알게 되어 기뻐들 하였다.

'참, 대통령 후보로 나오다 보니까'

윤 후보 말대로

'별걸 다하는'

검은 안경도 써보고

덩치가 크니까

달고 있는 머리통도 큰 줄 알고

준비한 큼직한 모자를 내밀자

"나 머리통 그렇게 안 커."

하는 말로 또 좌중을 한바탕 웃음으로 즐겁게 만들고

내민 모자를 그 큰 듬직한 손으로 잔뜩 앞에 달린 챙 부분을 구겨 찌부러트려서 머리 위로 쓰고

힙합으로 진행자가 묻는 말에 같이 몸 동작을 따라하면서

"나이 60세, 키 182, 몸무게 백 킬로, 이름 윤석열."

"대통령이 된다면 무얼 안 하겠습니까?"

"거짓말."

"하하하."

이를 지켜보는 시청자들이 너무 솔직한 대답에 재밌어서 어린아이들처럼 따라 웃고

"역시 대통령 후보는 윤 총장!"

하고

'엄지 척'

하는 싸인을 주었다.

'아니, 검찰총장이 직업상 무서운 사람인 줄만 알았는데'

어린 동심 같은 순진한 사람인 점이다.

윤 후보가 한 개그였다.

"야, 이 자식아."

"내가 그 자식이 오면 말야, 밥을 이따만큼 고봉으로 퍼 주고 말야."

"아유, 이 자식을 그냥."

그러자 인기 순위가 제일 높은 후보 순위로 선출되어 방송에 나간 윤 후보 다음으로 공중 부양을 한다는 후

보가 출연했다.

다리 발목 복숭아뼈 부위에 있는 검은 흉터 자국을

'못 박힌 예수의 흔적이라고 주장하면서'

'내 눈을 바라봐.

내 눈만 바라봐도 당장 병이 떠나고'

부언하기를

"어느 날 내가 깊은 산속 옹달샘이 꽝꽝 언

추운 겨울날 계곡에서

한 눈먼 장님이 지게를 지고 오는데

내가 그 즉시

'눈을 뜨고 나를 쳐다봐.'

하였더니."

"눈이 떠졌다구요? 그게 말이 되는 소립니까?"

"왜?"

"아니, 앞을 못 보는 장님이 어떻게 그 추운 날 지게를

지고 깊은 산속은 뭘 찾아 먹을 게 있다고."

"어허, 이 사회자 이 방송국 PD 진행자들아.

장님은 앞을 못 보는 이상 뛰어난 감각 능력이 그 정신

머릿속에 있거든.

그래서 미리 알고 내가 있는 곳을 물어 물어 찾아왔

네. 이런 것도 몰라?"

"에이, 어리석은 중생들."

"더 이상 묻지 마."

천공궁을 독신이라고 주장하는 자기 앞 명의로 해놓은 수천 평 땅 안에다 화려하게 짓고

그 천공궁 안으로 들어가서 사는 입주금 한 장을 수십만 원에서 수백, 수천만 원으로 걷어 들여

왕이나 탐 직한 쌍두마차와 같은 삐까뻔쩍한 크나큰 외제 자가용에다 자칭 무수리와 같은 천공궁 안에 사는 남녀 신도들을 거느린

이 무 후보 다음으로 여당 후보 이죄만의 등장이었다.

"무엇이 궁금하신지요?"

방송국이 아닌 대통령 후보 경쟁자로 나왔다가 당원 여론 조사에서 밀린 이낙훈 후보 진영에서 나온 검증 과정에서 나온 질문이다.

"궁금하지요. 그 일 년 몇 개월을 후보가 총각 행세를 하며 동거해 오면서 분명 눈으로 보아서 알고 손으로 잡아보아서도 알고 함께 잠자리를 해보아서도 안다는 그 붉은 점이 있다는 성기를 그런데 이 후보는 그동안 절대."

"네, 나는 그 여자를 모르는데요?

그 여자가 마약을 한 전과가 있어 허언증 환자인데

여기 의사의 진단서로 그 여자가 한 말이 모두 거짓말
이란 걸 입증하겠는데요."

붉은 점이 있거나 그 점을 빼내려고 한 흔적이 없다는
진단서였다.

그러나 그 붉은 점이 있다는 이죄만이 달고 다니는
그 기다랗게 늘어진 성기의 부분 어느 곳에도 붉은
점이 없고

'붉은 점이 있는 걸 지우려고 수술한 흔적도 없었다.'

라는 그 성기를 감정한 전문 의사의 진단서를

"아니, 그걸 혼자 가서 내어놓고 받아 온 그 의사의 진
단서를 우리 보고 믿으라는 겁니까?"

"네? 혼자 가서 받아 온 그 진단서를요?"

"왜 그 헤어진 여가수의 말에 의하면

분명히 나는 보았고

만져보았고

같이 일 년 반여 동안 같이

몸을 맞대고 잠자리를 해 와서 아는데

어디다가 이 거짓말쟁이가

우리 후보 진영에 와서 주장한 말입니다.

막 격분해서 하는 말로 이 후보를 앞에다 두고 하는
그 표현 그대로 녹음해 둔 테이프를 지금부터 틀겠습
니다."

"네놈의 그 앞에 달린 물건을 너 혼자 쥐고 흔들고 가서 아니라고 그 붉은 점이 네놈의 성기 어디에도 없다고 주장하려고 하면 당연히 내가 아는 병원에 같이 증인으로 가서 나의 입회하에 진단검사를 받아야지. 그게 진짜배기 증거물이지. 어디서 혼자 기어가서."

"아, 그만. 그럼."

가수 나훈아의 흉내를 내려고 들었다.

"바지를 내려서 보여드릴까요? 그럼 믿겠습니까? 자."

바지 앞에 달린 지퍼에다 손을 갖다 대며 한쪽 손은 나훈아처럼 번쩍 들어 치켜세우며

"자, 십 분 내로."

가수 김연자가 부른 가사 내용 그대로

'그래요, 믿어줄게요.'

하길 바라면서다.

그때 지금은 작고 해서 세상에 안 계신 김동길 교수의 책망이 떨어졌다.

"이게 뭡니까, 쯧쯧. 나라의 대통령 후보들이 개그맨 이상으로 사람들이나 웃기고."

땅이 변하든지
산이 흔들려서
바다에 빠지든지
그 바닷물이 넘쳐나서 뛰놀던지
우리가 두려워하지 않으리니
이는
'성 안에 주가 우리와 계시오니
우리가 안전하리이다.'

이방이 훤화 하며 열방의 왕국이 동요할 때에
주가 소리를 발하시니 땅이 녹아내렸도다.

너희는 가만히 있어 내가 하나님인 것을 알라.
대한민국이 있는 한 백성들은 보호받는다.

구수는 아무나 하냐?
내가 술이나 좋아해서 노는 줄만 알았느냐?
뭘 몰라도 한참을 모르는 놈들.
내가 그 기간에 보았던 그 많은 비리투성이 거짓말쟁
이들 더불당 주사파 국회의원 169명들이 국회 안에서
저지르는 막가파식 입법 독주 범죄와
'대통령 후보로 이죄만을 선출한'

그 썩을 대로 썩은 국가 반역자들이

온갖 비리투성이 부정 선거로 얻은 그 국회의원 자리를 모두 꿰차고 앉아서

오직 주사파 이념으로 무장한 점령군이 되어 한다는 말들이 주야장천 수십 년 전이나 대한민국의 국회의원 배지를 달고 앉아서도 영락없는 학생 운동권으로 패악질을 하던 젊은 때와도 한 치도 다르지 않은 투쟁만을 하면서

'미군 철수'

'사드 반대'

'재벌 기업 해체'

'종교 단체 해체'

'국가 보안법 해체'

'국가 방첩단 해체'

'국가 기무사 해체'

'재향군인회 해체'

'국가정보원 국정원 해체'

'자유 민주주의의 헌법 파괴'

'자유 시장경제 파괴'

'자유 한·미동맹 파괴'

'기독교 입국론 파괴'

'군 부대 해체'
오직 더불당 머릿속엔
눈에 넣어도 안 아픈
약자, 노동자, 농민만 눈에 보여
소득 주도로
너희는 가만히 있어
이북 공산당처럼
있는 자의 것 다 빼앗아서
무상 분배, 무상 급식, 무상 의료비, 무상 배급
무상 연애
무상 포퓰리즘에만 매달려서

대한민국의 법치란 법치는 다 비정상으로 만들어 놓고
오직 국회 안에서도 민주화 운동권 586, 386을 비롯
한 좌파 운동권 시민단체만을 챙기는
「사회경제지원법」으로'
일 년에 7조 원의 자금 지원을 하겠다는 법안만을 만
들어 내고 있다.
'내가 다 듣고 보고 있었다.'

내가 하는 일이 범죄인 잡아내는 수사다.
나의 이 수사망에 안 걸려든 정치인이 있겠느냐?

윤 총장이 두 당을 모두 싸잡아 비판해서 말하였다.

"저런 국회의원들이 있는 두 당들은 국민의 힘 당은 모조리 없어져야 하는 당입니다."

당장 더불어 민주당에서 먼저 공격이 들어 왔다.

"뭐? 우리 민주당이 그 민주라는 간판을 떼야 하는 비리투성이 부패한 반민주적 좌파 당이라서 대한민국 안에서 사라져야 할 당이라고?"

"저게 박근혜 정권 때 쫓겨 난 검사였던 걸 검찰총장으로 만들어 준 우리 당의 문재인 대통령의 공도 모르고."

국민의 힘은 국민의 힘 당대로

"아니, 겨우 이제 당에 들어온 초짜가."

유승냥이 물었다.

"너 당에 들어온 지 몇 달 됐냐?"

"내가 대답했습니다."

유권자가 모인 유세장에서 윤 후보가 반격하며 설명한 말이었다.

"넉 달 됐습니다.

선배님 역시 한 번 당을 떠나 다른 당을 만들었다가 다시 들어오는 그 기간을 따지면 넉 달밖에 안 되었다고 텃세를 부리는 선배 후보들 경력과 별반 차이 없을 텐데요.

미국 선거법엔

'한 번 당을 떠난 사람은 그 전에 있었던 그 기간이 전혀 무효'가 되고 다시 들어온 그날부터 입당한 날로 치니까요."

유승냥은 2016년경에 미래통합당인가 하는 당을 여럿 따라 나간 의원들과 차린 그 똥바른 당이 폭싹 배신자라는 프레임에 걸려

'또 짐을 싸 들고'

'대통령 선거철이 되니까'

그 지금의 민주당의 역선택으로 뽑힌 당 대표를 비롯해서 돌아왔다.

어정쩡한 중도라는 이미지로 아무리 뭐 그 옛날 고리짝에 받아 든 경제학 박사라는 그 학벌 하나 내세웠던 지난 박근혜 정부에서는 온갖 갖은 혜택은 다 누리다가 배은망덕하게 자신을 키워준 여성 대통령 바로 면전에서 탄핵이란 천하무도한 배신으로 보수당만이 아닌 자유 민주주의를 송두리째 저쪽 종북 좌파 정당에게 넘겨주고만 대한민국 전체에다 중차대한 범죄를 저질러놓고도 말이다.

'또 무슨 얼굴을 들고 자기를 따라 나간 배신파 계보들을 다시 모조리 끌고 들어와서'

갓 발을 들여논 초짜인 나를 가리켜

'당에 들어온 지 몇 달?'
물어보기가 일쑤이고
그 대단치도 않은 오래되었다는 정치인의 경력으로
'자기 당에 들어온 신인 후보를'
선배가 아닌 정적으로만 대하니 말이다.
홍카 정치 선배 역시 유승냥과 진배없다.
온갖 차지할 당의 좋은 자리는 약삭빠르게 다 찾아내
어 옮겨 다니면서

'결혼도 하지 않고 나랏일을 하다가'
유세 때 얼굴에 괴한의 칼침을 맞고 하마터면 죽을 뻔
한 여성 대통령에게 한 말이다.
고작 당 대표 자리란 걸 또 두세 번째 차고앉아 한다
는 말이
"춘향인 줄 알았더니 향단이라."
그리고 출당까지 시켜버렸다.

'그럼 그렇게 처신하는 홍카 후보는 수시로 변하는 칠
색조 카멜레온입니까?'
왜 이번에는 대통령 국민의 힘 보수당 후보로 나오면서
'저쪽 민주당의 파란색인 파란 마스크, 파란 넥타이,
파란 운동화, 파란 점퍼는 왜 우리 국민의 힘당 붉은 점퍼는 어디다 숨겨 버리고 저쪽 더불어 민주당의 유권자들을 향한 구애 작전을 펴는 겁니까?

아마 민주당의 역선택으로 우리 당 대표가 된 그 도움을 받으려고 어떡하든 교묘한 선거 대책으로 무조건 그렇게도 벌써 대통령 선거에 나오기를 두세 번 나와 떨어졌는데도 대통령 되고 싶은 중병에 걸린 분이'

그래서 새로 당원이 되어 입당해서 나오는 후보를 향하여

'저건 나하고 토론 한번 맞붙으면 그날로 내 그 잘하는 능구렁이같이 실실 윗입술을 훌러덩 까뒤집고 하는 유머 섞인 말 한 방이면 그 순간으로 나가 떨어지니까 전혀 내 상대가 못 되죠.'

내가 이래서 이런 선배 정치인들 게다가 대통령 후보로 나온 이런 노회한 정신머리 갖고는

'차라리 이런 당은 없어져야 한다고 한 겁니다.
무슨 땅 뺏기도 아니고.'

이래서 보수는 분열로 망하고 좌파는 거짓으로 망한다.

암혹하다. 불길하다. 나라가 좌파 정권 5년 안에 완전
국민들을 버려놓았다.
국민 태반이 더불어 민주당과 똑 빼닮았다.
한몸이다.
사고를 일으키고, 사고가 났다 하면 모조리
'돈 돈 돈 돈.'
오직
돈을 받아 내기 위해
근거도 없는 이유들을 만들어서 갖다 대고
'보상 보상'

좌파 근성 그대로
길바닥에 드러눕고
출근길을 막아서고
기업이야 망하든
나라가 망하든
모든 기능을 마비시키고
혼란, 분탕, 선동

떼 쓰고 어거지를 부리다가
폭력, 거짓말

제멋대로다.
절제를 모른다.

병 들었다
법을 무시한다.
지키지를 않는다.
두려운 존재가 되어버렸다.
좀비 같다, 조폭 같다.

선거가 버려놨다
표를 의식해서 해달라는 대로
'다 해주마
원하는 것은 무엇이든지
하늘의 달이라도 밤하늘의 별이라도.'

불가능한 게 없다.
대통령 후보는 후보대로
국회의원은 국회의원대로
지방자치단체장들은 자치장대로
시의원 구의원 시장 군수 면장 조합장

문재인 정권이 일자리 늘린다는 공약 이행을 죽기 전

까지 나랏돈으로 책임져야 하는 30만 명 이상으로 늘려논 공무원 숫자

나라가 진 빚으로 1분 안에 이자만 일 억씩 불어난다.

그래도 일 년 열두 달 선거가 없는 해가 없고 원하는 것은 다 해 주겠다는 공약이 남발하니

표밭이 된 국민들의 요구가 당연지사가 되었다.

고민을 할 때다.

국회의원 한 사람한테 그에 딸린 직원들한테 지출되는 인건비를 포함해서 갖가지 주어지는 특활비 등을 포함하면 한 달 8억 이상

10명이면 80억, 100명이면 800억, 300명이면 2,400억

끔찍하다. 1년을 계산해 보라. 3조가 넘겠다.

무슨 돈으로 국회의원만이 아닌 그 외 허다한 수백만 명의 공무원들에게 지급되는 그 돈 등을

문제는 이런 심각한 나라의 처한 입장을 국민에게 알리며

'참고 견디고 절약하고 기다리고 양보하고 받아들이는'

이런 국가의 말을 들을 줄도 아는 것을 가르치지 않는 거다.

어릴 때부터 교육이 전교조가 장악한 이래 완전 증오

뿐이다.

나라를 미워하고 거부한다.

명령은 등불이요

법은 빛이요

훈계의 책망은 생명의 길이다.

좌파가 되어버린 국민들

어떻게 대할 건가?

대통령이 되어서는

지금은 유세 기간이라서 내색은 안 하지만

이렇게 모세가 갈라논 홍해 바다와 같이 양쪽 진영으로 두 쪽으로 완전 갈라치기가 되었다.

북한과도 갈라진 대한민국 안에 또 하나의 북한 좌파 국민으로 세워놓은 더불어 민주당의 그 본체가 대한민국을 완전 북한식으로 세뇌시켜서 영락없이 남한의 국민 한쪽은 좌파들에게 사로잡혀 김정은 앞에 맹목적으로 순종하고 복종하는 식으로 남한 국민들이 이북 식의 무조건

'악인지 선인지'

'참인지 거짓인지'

구별 못 하는 자아의식이 없는 노예로 길들어 버린 것

이다.

 이런 상황에서 어떻게 이 좌파의 세뇌 교육에 노예가
된 국민의 의식을 돌아오게 할 건가?

 민주주의 안에서 살면서 민주주의가 아닌 구속이 되
어 노예의 포로가 된 이 좌파에 길들어져 버린

 '이 반쪽이 불구가 된'

 이 현실을 북한과도 대립하여 싸워야 하는 현실에서
또 하나의 남한에 있는 북한 국민이 되어있는 이 좌파
에 멍에를 어떻게 벗어나게 할 건가?

 만약에 우리
 60대
 70대
 80대가 없었다면

 만약에 우리
 대구 경상남북도가 없었다면

 만약에 우리
 광화문 세력을 이끌어 나가는
 전광현 목사가 없었다면

대한민국이란 나라가
풍전등화였던 나라가

만약에 윤 총장이란 보수 후보가 없었다면
'나라를 말아먹자는'
좌파 이죄만의 그 일당들에게 넘어가고도 남았다.
전혀 국가를 운영해 갈 재목들이 안 되는 투기 모의
꾼들이
'땅 따 먹듯이 미리 장관 자리 관리 요직에 계획도를
다 짜놓고 이 자리 저 자리'
말하자면 문재인과 똑같은 자기 편, 자기 식구, 자기
추종자들인 주사파 586, 386 좌파 학생 운동권 출신들
같은 편향적 인물들로 북한보다 더한 악랄하고 흉측한
살기만 등등한 세력들이 완전 장악해서 날마다 인민재
판을 열고 숙청 피바람이 불고
상상들을 해보시라.
이런 후안무치한 정치 장사치들에게 대한민국이 넘어
갔다면

대한민국은 완전히 망한 것이다.

좌파에게 장악된 이 암흑한 2022년도 대선에서 겨

우 270,000이란 아슬아슬한 표 차이로 살아날 수 있었을까?

선거 기간 내내 300만 표 이상으로 앞서가던 윤 후보의 정작 투표 당일 날 개표함을 열어 통계를 하면서 몇 번이고 좌절들을 해서 좌불안석했던 그 숨 막히던 시간들.

모두가 사색이 되어 개표 결과를 기다리며 거의 초주검이 되어 숨도 쉬지 못할 정도로 긴장들을 하여 우파 국민들과 국민의 힘 당직자들, 국회의원 등 그동안 거의 매일 밤잠을 설쳐 가며 각양각처에서 운동하던 국민의 힘 당원들이 드디어 2022년도 3월 9일 새벽이 다가와서야 윤 후보가 이죄만을 이기고 대통령으로 확정되었을 때다.

눈알을 굴리고 당 대표 자리에 앉아있던 이쿵덕의 얼굴이 굳어 지면서 고개를 외로 꼬고 시무룩해 있는 그런 반응이 카메라 화면 안에 잡히고 말았다.

'나의 소원은 유승냥을 대통령으로 만드는 것이고, 그 다음 내가 대통령이 되는 것이다.'

그렇기 때문에

'윤 총장이 대통령이 된다면 지구를 떠나겠다.'

그럼 떠나야지.

왜 안 떠나는데?

'떠나! 떠나!'

국민의 힘 당원들의 요구가 빗발쳤다.

'야! 쎅스톤. 대가리에 피도 안 마를 스무 살 조금 넘는 나이 때부터 여의도 오후 두 시에 나타나서 어슬렁거린다는 그 청년 정치꾼 지원자 백수 건달들 모냥.'

'하버드 대학은 정말 나온 거야?

그것도 좌파 노무현 대통령 재단에서 주는 장학금으로 공부했다는데?'

윤 대통령이 되어서도 분탕질로

개 꼬리 삼 년 묻어도 호랑이 꼬리 안 된다고

좌파 문재인을 만났을 땐

'아이구, 대통령님.'

하고 허리를 반 이상 굽히고 코가 땅바닥에 닿도록 절하던 자세가 자기 당 윤 대통령한테는 맞먹자는 식으로 고개를 **빳빳**하게 쳐들고 인사는커녕 증오와 미움으로 가득 찬 당 대표 자리에 앉아서 심통이나 부리면서 어떡하든 더불당 진영이 저지르는 온갖 입법 폭정에는 한마디 입 **뻥끗**도 안 하면서 자기 당 험담이나 방송국마다 출연해서 자기 당의 대통령 훈수나 두며 하는 분탕질이 갈수록 더해 가고 있었다.

대통령 후보로 나왔다가 세 번 이상 초짜인 신인 후보에게 낙선의 고비를 마신 유승냥과 합세해서 말이다.

유세 기간 대구 시장 등을 찾아 환호받는 우파 대구 유권자들을 싸잡아 비판하며

'저렇게 우파 지지층만 챙기고 찾아다니면 중도층 지지는 절대 못 받는다.'

홍카 역시

'어떡하든 이번 선거에서는 좌파 국민들의 표를 얻어서라도 대통령이 되겠다고'

파란 마스크 쓰고

파란 넥타이 매고

파란 운동화 신고

파란 점퍼까지 입고 나와

갈롱 맞게 웃으면서

'그 특유의 추파를'

저쪽 좌파 젊은 층 청년들을 향해서

'국민의 힘의 약점인 노인층이 많다는 걸'

의식해서 국민의 힘 당 안에선 오직

'이 홍카만이 요즘 청년층을 유권자로 확충할 수 있는 후보다.'

하고 유튜브까지 개설했다.

젊은 층과 대화를 나누며 자기가 소속한 국민의 힘 전체를 자신도 나이 들 대로 든 건 제쳐놓고

'늙은이 꼰대당이라고'

깎아내리고 비하하는 젊은 청년층의 비위를 맞추느라고

경상남북도, 특히 대구에서 폭풍 유권자들의 지지를 받는 윤 후보를 향해

'저렇게 한정된 유권자 늙은이들의 지지만 받는 저런 후보가 대통령이 되어서는 나라의 미래가 없는 겁니다.'

그러다가 막상

'광화문의 세력까지 합친'

전국구 나이 드신 60대, 70대, 80대 그보다 더 높은 어르신들의 전폭적인 지지로 당선이 된 윤 대통령이 못마땅해서

여당이 된 국민의 힘 당을 포함해서 정책들이 야당이 된 저 법치를 무너트리고 특히

'법무부 장관으로 임명되어 나타난'

한동훈 장관을 경계해서 만든

'검수완박'

말하자면

'검사들을 박살 내서'

범죄 수사나 마약 수사 등 온갖 정치인이 저지른 막가파식 법안들도 손을 못 대게 졸속으로 국회의원 숫자를 앞세워 마구잡이식으로 법안 발의를 해대고

벌써부터 취임한 지 얼마 되지 않는 윤 대통령을 말이다.

'박근혜 대통령한테 저지른 그 범죄 수법이 똑같은'

좌파 촛불 시위꾼들이

'윤 대통령의 참수 당한 형상을 만들어'

길바닥에 끌고 다니는 이런 패악질로

'또 나라가 여전히'

정권이 바뀌어도 문재인이 끝까지 퇴임하는 날에도

'요직의 자리 요소요소마다 수백 명을 알박기해 놓고 간 관료들에 의해 정부가 일을 할 수 없는 국정 운영이 마비 상태가 되어가는 그 정황을'

모두 즐기기라도 하듯 대통령 후보로 나왔던 후보 특히

'유승냥과 홍카에다 이쿵덕 당 대표는 물론이고'

이명박 정권 때 장관까지 했다는 그 이재호라는 여당의 고문 자리를 차고앉아서 협조는커녕 각 매체를 돌아다니면서 새롭게 탄생한 정권을 연일 분탕질로 아예 쌍고동 나팔들을 좌파 정치인들과 함께 시기 질투 등에 눈이 멀어

‘제 버릇 개 못 주듯’

늙으나 젊으나 그 노회한 정치인들이 모두

‘대통령 자리에 오른 것이 너무 철천지원수 같고 배들이 아파’ 아주

‘이판사판 허연 입술들을 들어 내놓고 갉아대면서’

대한민국이야 그동안 좌파 정권에게 **빼앗겼다가**

‘검찰총장인 윤 후보가 있었기에 정권 교체가 가능했다는’

이 엄연한 사실은 전혀 안중에도 없는 막말들을 돌아가면서 퍼질러대고 앉았으니 말이다.

정권이 바뀌었어도 아직도 배신의 근성을 못 버리는 보수 우파들의 우군이 되어주지 않는 노회한 정치인들로 인해 대한민국은 망하고야 말 풍전등화인 것이다.

제 5 부

오합지졸들의 내부 분탕자들

수강자가 낙심했다.

이모 역시 화가 났다.

무뎁보가 참겠는가?

임이자는 말할 것도 없다.

전재수는 경상북도 봉화읍에서 열 마리 이상 늘어난 소를 키우면서 그 분비물로 나온 소똥들을 모조리 모으고 있었다.

"이놈들 그냥 안 둬."

벼르며

'벅 벅'

긁어모은 소똥들을 젖은 채로 그대로 비닐 포대에 담아 지독한 냄새가 온 천지에 풍기도록 썩히고 있었다.

문필가 이모부도 펜을 들었다.

때리는 시어머니보다 말리는 시누이가 더욱 밉다.

내부 총질이 전문직이 된 이쿵덕, 유승냥, 홍카, 이재호 등

심지어 홍카는 대통령 자리가

'저 자리는 내 자리다.'

하는 지독한 자기 망상증에 사로잡혀 눈에 보이는 게 없다.

대구 지방 단체장 자리에 앉아서도 마음은 콩밭에 있다.

심지어 당 대표 자리도
'저 자리도 내 자리다.'
하는 자아도취에 빠져 온통 중앙 정치에만 관심을 두
고 오만 참견을 다 해가며
'배 놔라 감 놔라.'
터줏대감 모냥 똬리를 틀고 앉아 온갖 요설을 달린 입
으로 내쏟고 있다.

그의 안하무인 격인 추태는 그가 대구시장이 된 경위
다. 그의 노역이 얼마나 인두겁을 쓴 사악한 짓이었는지
모두가 알아야 한다.
자기 당의 여성 대통령을 탄핵으로 몰아내서
갖고 있던 집 한 채도 빼앗기고
옥살이를 5년 가까이 치르는 중에

겨우 윤 대통령의 취임식을 앞두고 풀려나서
허리가 굽어져서
장시간 병원 입원 치료 후에
국민들의 성금으로 마련해 준 보수의 고장 대구 자택
으로 돌아와서다.
옥바라지에 전심전력한 유영하 변호사를 대구시장으
로 출마시키면서 유영하 후보의 선거 운동을 돕는 직책

을 맡았는데

그 자리를 약삭빠르게 달려들어 유영하 후보를 밀어
내고 꿰찬 것이다.

그 앞서 있던 경남지사 자리에서 잽싸게 거주지를 대
구로 옮겨놓고 그동안 국회의원이 되겠다고 공들여 온
이인선 후보를 밀어낸 '그 국회의원 자리에서 대구시장
자리가 나오자'

재빠르게 그동안 피눈물 나게 닦아온 당협 위원장으
로 수년 간 공들여 온 이인선 후보를 쫓아내고 차지한

'그 국회의원 자리를'

자기 측근에게 물려주고 자신은

'병들고 지친 옥고를'

그것도 5년 가까이 오직 유영하 변호사와의 접견만을
허락하면서 그 누구의 면회도 사절하였던 그 박근혜의
충직한 유일한 후보가 나오는 그 대구시장 자리를 차지
하려고 이런

'인면수심의 피도 눈물도 없는 잔혹한 짓을'

탄핵으로 고통받고

청와대에서 쫓겨나

차창 밖으로

마지막 청와대를 떠나는 박근혜 대통령을 배웅하면서 눈
물 흘리는 그 억울한 누명을 알고 있는 국민들이 말이다.

좌파들의 펼치는 온갖 음해 공작이란 덫에 걸려 넘어진 한 여인을 향하여

'가차 없이 자신도 당에서 퇴출당했다가'

배신자 분탕파 이쿵덕 계파의 도움으로 다시 들어와 차지한 당 대표 자리에 앉아서 한다는 말이

'춘향인 줄 알았더니 향단이라.'

하는 말을 하면서 출당까지 시킨 이 인성 자체 그대로 이번 대구시장 자리도 그렇다.

남이 공들여 온 자리를 쫓아내고 앉았다.

한참이나 남은 국회의원 자리를 내놓으면서다.

자기 측근에게 밀어주는 이런 전문적인 자리 강탈범에 격분한 윤 대통령 쪽에서

'그동안 울며불며'

이 억울한 자리 강탈범에 당한 처지에 서울 중앙으로 끌어올려 놓았다가

'바로 다시'

국회의원 보궐선거가 치러지는 대구로

'국민의 힘 당 후보로 내세워 주어서'

홍카가 밀었던 후보를 제치고 국회의원이 되게 하였다.

그 대신 대구시장을 차지하고서도 여전히 그 대통령이 못된 여한을 품고 이젠 2024년도 4월달에 있을 국회

의원 총선거에 잔뜩 관심을 두고서

그다음에 곧이어 있을 대통령 선거에 나올 밑밥을 까는 작업으로 자꾸 좌파 MBC 문화방송에 나가

그 촉새부리 유시민과의 대담을 나누면서 윤 대통령을 지적해서 한다는 말이

"왜 요즘 국민 여론 지지도에서 자꾸 하락으로 40%도 못 얻습니까?"

그러자

"아, 그 초짜인 경험도 없는 후보를 대통령으로 뽑아 놨으니 하는 정책마다 서툴고 또 그뿐입니까?"

검사들을 국회의원으로 내보내려는 움직임도 없는 윤 대통령을 향해서 미리 짐작으로

"정치는 그래서 오래해 본 경험자가 대통령을 해야 하는 거지요."

하는 비방으로 벌써부터 차기 대통령 후보로 나올 몸 풀기를 좌파 유권자들에게 넌지시 알리는 중에 다시 대구로 돌아온 시장 자리에서 이번에는

"5.18이 헌법에 게재되는 건 반대입니다."

하는 의견을 내놓았다가 당장에 좌파 신문 방송 여론에 뭇매를 받고, 그뿐만이 아닌

역선택을 방지하고 오직 국민의 함 당원의 투표권만으로 선출된 당 대표마저

'광화문 애국 세력에 의해 최고위원 자리에 들어온 김지언'이

불안해진 다른 최고위원 하다못해 국회의원이란 중진들까지 나서서

'5.18'

발언을 두고 해임을 촉구하며

'절대 이런 발언을 하는 자가 국민의 힘 당 최고위원 자리에 있으면 전라도 쪽의 민심과 중도층 청년층이 모조리 떠나간다면서'

'빨리 해고'

시키라는 당내 안의 분위기를 놓칠 리 없는 홍카, 이쿵덕, 이재오며 이 냄새 잘 맡는 사냥개들이

'멍 멍'

으르릉대며

자숙하겠다며

"한 달간을 일절 입을 다물고 있겠습니다."

하는 당사자의 사죄가 있었음에도 불구하고 말이다.

'차기 대통령 자리'

'또 당 대표 자리'

그래서 이번에 별별 희한한 자기 신복들로 성상납 파동으로 당 대표 자리에서 징계를 먹고 물러난 이쿵덕과

유승냥도 함께 자나 깨나 오직 민주당에서 첩자로 심어 놓은 역할 그대로

'천하용인'

이라는 네 명의 후보를 각각 최고의원 자리에 출격시켰다가

'웬 후보 홍보물에 나붙은 용어

천찍자지

허찍보지'

하는 선거 벽보로 기암을 한 유권자들이

"역시 대가리에 파도 안 마를 때부터."

"어린놈이 자지나 키우고 세워서 그 짓거리로 날세우다 당에서도 쫓겨났으면 자중하고 있을 노릇이지."

"옛날 어르신 말 대로 남자는 입뿌리, 좃뿌리, 발뿌리 조심해야 한다는 부모로부터도 교육을 못 받고 자랐냐?"

"에이, 천하에 상스러운 저런 것들을 후보라고 내세우고 후원회장 자리는 또 제 마음대로 차고앉아 제 형수에게

'야 씨팔년아,

내가 네 그 x구멍을 칼로 찢어도 좋겠니?'

그 이죄만이 하는 욕짓거리가 부러웠나?

웬 천하에 배워 먹지 못한 것들이 정치판에 들어앉아

똥내를 풀풀 풍기다니

요즘 젊은 청소년들이 저런 것들한테 무얼 배우고 크겠어?

불 보듯 뻔하지.

천찢자지?

허찢보지?

에이 이 쓰브랄 놈들아,

저런 것들 하나 쳐내지 못하는 저 국민의 힘 당은 뭐하는 것들이야?"

홍카가 가장 이 절호의 기회를 놓치지 않고 광화문 전 목사 세력을 끌어들였다.

27여만 명에 불과했던 국민의 힘 당 책임 당원들이 90만 명으로 우파 유튜브들의 대대적인 합심 당원 가입 운동을 펼치는 바람에 홍카로선 말이다.

대대적인 차기 대통령 후보로 나올 때 역선택이 차단되어 불리함만이 아니라 애국 세력에 의해 차기 모든 선거가 국민의 힘 당 안에서 치러질 때

'이 막강해진 우파 애국 당원에 의해서만 투표가 결정될 텐데.'

그렇다면

'여지없는 역선택의 효과를 노려'

벌써부터 작업을 슬슬 불러주는 좌파 방송에 나가서
'자기 당 보수 세력 안에 있는 윤 대통령을 비롯한 다른 후보들을 짓씹어놔야 좌파 방송들이 연일 기사화해서 실어주고'
이런 효과를 노리는 능구렁이 같은 홍카나 이쿵덕이나 유승냥이나
'한몸 한목소리를 내어'
신문, 잡지, 방송국에서 불러준다는 이 기류를 알고
'이참에 전 목사를 단절하고'
전 목사가 추천해서 들어온 당원들을 모두 색출해서
'출당 시켜라.'
라는 어명이었다.
법무부 장관이었던 추미애가
"법무부 장관이 말하면 따라야지, 어디 감히 어명인 내 말을 거역하느냐?"
하고 검찰총장 이하 그 측근 검사들을 모조리 수족을 잘라내어 쳐 내듯이
똑같은 방법으로
"나는 한 달 당비 50만 원을 내고 있는 국민의 힘 당 상임고문으로서 이 제안에 거부하면 나의 지시를 이행 못 하는 당 대표 자리도 뒤집어 놓겠다."
그러자

또 갑자기 홍카의 이 제안이 받아들여 여기저기 오히려 저 좌파진영에선 가만히 있는데

국민의 힘 당에서 들고나오면서 거의 한통속으로 그동안 애국시민들이 좌파에서 보수 정당으로 윤 대통령을 세우기까지 광화문 애국 세력의 발바닥 근처에도 못 가는

'이 똥 바른 배신파 유승냥 계보와 함께 박근혜를 탄핵시킨'

'이 전과자들 잡범들로만 가득 찬 이 변절자들의 본성을'

또다시

국가가 전복될 위기에서 대한민국을 좌파들에게서 건져낸 어르신들의 그 혹독하게 치러 낸 그 공로는 아예

'개무시하고'

광화문 세력과 전광현 목사를 국민의 힘 당 안에서 몰아내자는 운동을 펼치기 시작하는 것이다.

'그래?'

1950년에 남한을 침투한 적들은 하루 만에 이길 줄 알았다.

그러나 의정부를 잘 방위해서 대한민국이 있게 됐다.

육군 소령 한 사람이 탱크에 앉은 적 운전병 머리 위에

휘발유를 들이붓는 활약으로 사수한 대한민국이다.

그런데 오늘 우파 정당에 이런 살신의 우국 충정이 있는가?
문필가 이모부가 국힘당 의원들에게 보내는 글의 내용이다.

밥그릇 당 철밥그릇 당
월급쟁이로 전락한 국민의 힘 당 국회의원님들
더불어 당의 전위병인 진보당을 가볍게 보면 안 됩니다.
좌파당의 전위병인 진보당의 국회의원 보좌관이나 비서진들은
매달 받는 그 월급 다 안 가져가고 일부를 책상 하나 더 갖다놓고 사람을 더 기용해서 그 영역 확보를 늘려 나가는 이 목적으로 침투된 대한민국의 간첩단들입니다.

그런데 아군인 자유 우파를 버리겠다는 저 이적 행위의 전염된 저 주사파에 물든 한심하기 짝이 없는 배가 부른 국힘당 국회의원 여러분이여,
당신들은

정정산 감독이 전하는

거기 그때 그 탈북민들을 도와 온 전 목사와 같은 일을 단 한 번이라도 해보셨습니까?

'나는 길 잃은 나그네였네.'

이북에서 탈출한 전 국가 보위성 간부의 실화입니다.

2018년에 4명의 가족과 함께 두만강을 넘어 몽골, 유럽 등을

거쳐 사선을 넘어 헤매던 중

2020년 모 국가 유럽에서 검거되어 외국 강제 수용소에 갇혀

어린 자식들이며, 아내 모두 이질병과 굶주림에 죽어가고 있을 때 북한 조사관이 와서 북한으로 끌고 가서

'바로 총살시키겠다.'

하는 바로 그즈음에

갑자기 내가 알지도 못하는 모 나라에서 비밀리에 우리 가족을 데리고 나와 미리 대기해 있던 차를 타고 도착한 곳이 유럽 중 한 나라의 대사관 안이었습니다.

그리고 조사 기관을 거쳐 모 나라에서 우리 가족 신병

을 인도했고,
　생전 처음 타 보는 비행기 안에서
　'누가 나를 도와주었나?'
　요새 한국 목사님하고 통화하니
　탈북 선배의 말입니다.

　'당신을 빼내 준 게 한국에 있는 전 목사이다.
　나뿐만이 아닌 다른 탈북자들에게도 이런 탈출을 도와주는 자금을 대어주고 계시다.'

　나는 그분 덕분에 유럽 나라에 정착하여 모 정보기관에 취업 근무하면서 승진한 정보원으로 유럽 마약 판매 외화벌이로 십 년 이상 김정은에게 연간 일억 불에서 이억불을 갖다 바치는 일곱 명의 외화벌이 조직범들을 일망타진하는 공로도 세우고 있습니다.

제 6 부

애국 우파 시민은 완전 문전박대하는
보수 정당의 뿌리 없는 국가관

'사람이 밭 같아 흙을 부스러트림 같이
그 해골들이 음부 문 앞에 흩어져 있도다.'
대한민국의 현 상황이다.

대통령만 바뀌었다는 말이 돌 정도로 이젠 주사파 국
회의원들이 차지한 국회뿐만이 아니라 여전한 민노총
이 장악한 모든 언론 방송 매체가 점점 그 세력을 키워
나가며
'모든 대한민국의 자체를 부셔버려라.'

그야말로 온 대한민국을 들었다 놨다 하며 정부에서
내놓는 정책마다 발목을 잡는 것도 약하다고 생각이 들
어서인지
더욱 과격하게 야당 자기들끼리만 법안을 만들어서
마구잡이식의 법안 상정을 하는 안하무인 격의 행패를
부리고 있으니 말이다.

문제는 이러다간 완전 박근혜 대통령을 탄핵으로 끌
어내린 2014년으로 돌아가는 불길한 징조가 나타나고
있다는 것이다,

2014년도에 일어난 세월호 해상 사건을 해경 탓으로

'구조하지 않았다.'

하는 모략질에 넘어간 박근혜 대통령이 해경을 해체함으로써

'억울한 누명을 쓴'

즉 사고 즉시 물속으로 뛰어들어 가서 170여 명의 구조를 배가 가라앉기 직전 40분 그 안에 하였고,

그 해경의 구조 활동 현장에서

'라면 한 봉지 끓여 먹은 그 일로 해상 사고 현장을 총지휘 했던 지휘관의 옷을 벗기는'

이런 대통령이 그 당시 문재인을 비롯한 586 주사파들이 벌인 공작 등에 넘어가지 말고 말이다.

물에 빠진 인명을 사력을 다해 구해낸 해경에 든든한 방패막이 되어주지 못하고

이때도 좌파에 의해 보수의 정당을 지켜내지 못하고 무너지는 그런 상태가 지금 똑같이 반복되어 나타나서 불길하다는 것이다.

좌파 언론에 좌지우지되는 무이념, 무개념이 되어버린 사회.

그렇기 때문에 2014년도 자기 당 대통령을 한 번 탄핵
시킨 전과가 있는 이쿵덕은 거의 그 병이 도진 광인이
되어 2023년이 되어서도 마찬가지로 여전히
　'날만 새면, 아니 입만 열면'
　각 방송국 매체 좌파 언론을 고하간에 일일이 부르는
데는 다 찾아다니며
　'국민의 힘 당 안에서 그 더럽고 엄청난 섹스 스캔들에
그로 인해 아니라고 잡아떼고 그 성상납을 제보한 우파
유튜브를 무고죄로 고소했다가'
　자유 우파 강신업 변호사가 이쿵덕을 무고죄로 걸어
　검찰에게 이 사건이 넘어가 있는 이런 도덕적 치부가
들어난 상황이라면
　'그것도 자기 당에 민주당의 역선택으로 당 대표 자리
까지 꿰찬 첩자로 들어 와서 이런 죄질이 나쁜 전과가
드러났다면'
　당장에 윤리위에 회부해서 중징계로 처분할 일은 하
지 않고 그냥 저 말하고 싶은대로 분탕질을 하는대로
마냥 덮어두고 묵인해 두고 있으니 말이다.
　도대체가 아수라판이 된 이 구제불능 대한민국 정치
언론에서 나중 보수층이 그때 해경을 잘못 해체한 박
근혜의 선택처럼
　윤 대통령 역시 자신을 대통령으로 만든

우파 국민들로부터 불만이 터져 나올 수가 있다는
것이다.

가령, 퇴임한 문재인의 지령대로
'갈라쳐라.'
하는 이 주사파들의 공작질에
천신만고 끝에 되찾은 이 대한민국을

도대체 드루킹 좌파 세력과 광화문 애국 시민 태극기
부대가 좌파 촛불 세력과 싸울 때
'너희들은 뭐 하고 있었나?'
보수당이라는 국힘당이 한 번도 애국시민이 모여 문재
인 퇴출 운동할 때 코빼기 한 번 그 누구도 국회의원 한
사람 참석하지 않다가
나라를 되찾아 놓으니까 겨우 한다는 말이 이젠

'국힘당에서 모두 나가라?'
당 대표라는 자가 한 말이다.

좌파는 한철
우파는 사철

좌파야 좌파야,
헌 집 줄게 새집 다오.

"내가 말하기를 나의 행위를 조심하여
나의 혀로 범죄치 않게 하리니
악인이 내 앞에 있을 때에도
내 입에 자갈을 맥이리라 하였도다.

그러므로 내가 잠잠하여 선한 말도 하지 않으니
내 근심이 더 심하도다.
내가 묵상할 때에 내 마음이 속에서 뜨거워져서
화가 발하니
내 혀로 이르기를
'여호와여, 내 종말의 연한의 어떠함을 알게 하사
나로 내 연약함을 알게 하소서.

주께서 내 날을 손바닥 넓이만큼 하셨사오니
나의 일생이 주 앞에서는 없는 것 같사오며
사람이 그 든든히 선 때에도 진실로 허사뿐이나이다.
진실로 각 사람은 그림자처럼 다니고

헛된 일에 분노하고
재물을 쌓으나 누가 취할는지 알지 못하나이다.'"

'알긴 아는구나.'
윤 대통령을 잠깐 찾아오신 여호와가 용산 대통령
실에 홀로 남아 성경을 보고 있는 윤석열에게 묻고
있었다.
"너한테 별이라고 한 늙은 놈 알지?"
"아, 압니다. 나 말고도 한두 명 더 있었지요."
"음, 떠돌이 별. 그런데 또 그 별이 나타났다고 선포
했어. 반란 아니냐? 아직 네 임기가 3년 반 이상 남았
는데 벌써 그 이름 성에다 요즘 그 비싼 금테를 두르
고 나온 섭이란다."
"하하하. 하이 참, 어이가 없습니다 뭐."
"정신 바짝 차리거라. 우는 사자와 같이 너를 둘러싼
주변이 험산 준령이니라."
"네, 그래서 오늘 성경을 읽었습니다. 저도 한때 목사
가 될까 하였는데요."
"내가 막았다. 술 좋아해서 고등학교 때에도 애비한
테 회초리를 맞은 놈이 내가 이 이치에 겨눈 거지. 갖
다 대 봐."
"포도주를 마시기에 용감하며

독주를 짓기에 유력한 자는 화 있을진저

너희는 뇌물을 받지 말라.

뇌물은 밝은 자의 눈을 어둡게 하며

의로운 자의 혀를 굽게 하나니.

저희는 뇌물로 인하여 악을 의라 하며

의인에게서 그 의를 빼앗는 도다.”

“또.”

전 목사가 성경 구절을 읽힐 때에 다음 구절을 계속 이어 나가라고 성도들에게 지시할 때 쓰는 말이 재밌어서 따라 하시며 재촉하셨다.

“또.”

“너는 무죄한 자와 의로운 자를 죽이지 말라. 나는 악인을 결코 의롭다 하지 않으리라.”

“또.”

“네, 명심 또 명심하겠습니다.”

“그렇지. 너의 고민이 무엇이냐?”

“출산입니다. 아무리 막대한 예산을 퍼부어도 아기들을 낳지 않습니다.”

“그것도 내가 막고 있다. 너희 나라에다 아이들을 낳도록 해봐야 그 아이들을 가르치는 전교조 교사이니 그 악한 자들이 가르쳐 논 요즘 사·오십 대들의 그 요지부동인 첫째 만왕의 왕인 나 여호와보다 누구냐?”

"김일성, 김정일, 김정은 세 부자입니다."

"그러니 이 전교조가 장악한 학교 교육으로는 아이들을 많이 생산해서 인구증식을 해본들 제 나라 건국한 그 내가 말이다."

하나님이 조선 말기에 그 무능한 고종황제가 민비 치마폭에 쌓여 휘둘린 건 말 할 것도 없고

그 애비 대원군의 쇄국정책에

'무조건 외국 함대나 군함이 들어오면 이유불문 하고 포를 싸 대고 포졸들을 풀어 나포해서 곤장을 때리고'

가난에 찌든 미개한 나라에서 벗어나게 하려고, 특히 여러 문명국 나라에서 선교사를 보내어

'온통 산이란 산속은 다 차지해서 무당 굿판이나 벌이는 그 우상 숭배로만 가득 찬 이 무지몽매한 조선을 구해보고자'

그때 처음 요즘 민주화 운동의 시조인 젊은 나이의 이승만이

'고종의 근시안적인 조선 왕정에 반기를 들고 거리로 나서자'

하나님이 화가 나셔서 그 불꽃 같은 눈을 화광처럼 불태우시며 뇌성벽력 같은 진노를 표방하셨다.

"네놈 미개한 국가 지도자란 것들 특히 내가 이씨 조

선 시대에서

자유민주주의

시장경제

한·미동맹

기독교 입국론으로

기가 막힌 자유민주주의의 창시자 이승만이라는 그 천재를 알아보고 말이다."

'잠시'

이 천재라는 대목에 가서다.

한동훈 검사 후배의 기가 막힌 천재성을 미리부터 알아보고 아끼고 사랑했던 윤 대통령의 사람 볼 줄 아는 안목이었다.

마치 구약 성경에 나오는 사울 왕의 아들 요나단과 다윗의 여자보다 더 연민하는 그 우정을 그런데 다윗을 시기 질투하여 이 두 사람의 사이를 끊어놓은 사울 왕처럼 말이다.

한동훈을 문재인 정부에서 멀리 연수원 부원장으로 쫓아보내어서 두 사람 사이를 떼어놓은 것이다.

그때 두 사람 다 이 헤어짐에 얼마나 비분강개했을까?

그 아까운 젊은 나이

한 번 가면 두 번 다시 돌아오지 않는 풋풋한 정렬과 의욕이 샘 솟듯 하는 한창 일할 나이에 이런 형벌을 가하다니.

눈을 밝혀서라도 찾아내어 활용해야 할 그 나이에 국가의 재목을

'두 손 모두 묶여 유배지로 떠나가는'

한동훈을 생각할 때마다 솟아오르는 분노와 그를 사랑하는 연민에 보이지 않는 곳에 찾아들어 하염없는 눈물을 흘렸을 윤 대통령을 생각해 보는 여호와도 몹시 가슴 아파하셨다.

요나단과 다윗의 그 우정을 갈라놓은 사울 왕의 잔인한 부성애와 이스라엘이 그 힘이 황우 같은 골리앗 장군 앞에 모두 엎드려 바위틈에 숨고 무기를 든 군사들도 겁에 질려 감히 맞서 싸울 용사가 없을 때

'오직'

주 여호와를 믿고 던진 돌팔매 하나로 전 이스라엘 나라를 구한

다윗을 내쫓은 것이다.

선배인 검사 구수생 윤 총장만을 유일하게 존경하며 신뢰하여 따르는 이 한동훈을 자신이 대통령이 되어 내각을 꾸릴 땐

'그 귀양 가있는 자리에서 그 수족을 풀어주어야 하겠다는' 그 일념 때문에라도 대통령 후보로 나서서 대통령

이 되었고

'검찰총장으로 기용할 것이라'

하는 그 예측을 뛰어넘는 법무부 장관으로 금의환향
하게 하였다.

더불당 국회의원 169명이 일시에 공격하고 눈에 불을
켜고 달려들어도

'이 사람'

한동훈 하나를 국회 청문회 때마다 이겨내지 못하는
역군의 검의 칼날을 쥐고 잘 상대의 그 찢어진 입을 향
해 더 이상 나불거리지 못하게

'팍 팍'

견제를 날리며 단검으로 골리앗 169명의 더불당 국
회의원 청문회를 초토화시키는 대한민국이 학수고대
하는 다윗 왕이다.

'여기에 비교되는 사람 볼 줄 모르는 놈치곤'

세계 기네스북에 올라갈 정도로 눈알이라고 달고 다
닌다는 그 삶은 소대가리

'간첩의 대왕 신영복을'

이 자유 대한민국 안에 그렇게도 존경할 인물이 없어
존경한다는 그 멍충이.

'나는 남쪽 대통령입니다.'

제 자식뻘보다도 어린놈한테, 그것도 국민들에겐 알리
지도 않고 '열두여 대 이상 트럭에다 잔뜩'
그 좌파들이 바치기도 좋아하고
받아 처먹는 건 더 좋아하는 뇌물을 싣고 가서 한다는
말이
아주
'마음은 북에 있고, 몸은 남에 있는'
속내를 드러내놓고
만군의 주 여호와 하나님이 아닌

높이 들어라.
붉은 깃발을
그 밑에서 전사하리라.
비겁한 놈은 갈 테면 가라.
문재인은 북조선을 찬양합니다.

나는 백여 년 전에 천재 이승만에게
내가 보낸 선교사들을 통해 감옥에 갇혀 그 목에 칼
을 차고 5년 이상 옥고를 치르는 동안 성경책을 집어넣
어 여섯 달 만에 다 통독하고 영어 공부를 하게 해서
고종에게 알현하여 이승만을 미국으로 데려가서 목사
를 만들려고 신학대학 하버드 대학 프린스턴 대학 등을

거쳐 박사 학위까지 받게 하고 귀국하게 하였는데
　역시 이 천재의 머리는 교회 목사에서 대한민국이라
는 나라를 탄생시킨 건국의 대통령 이승만은
'오직 독재자'
'박정희도 독재자'
로만 가르치고
'좌파 대통령 노무현, 김대중, 문재인'
만을 대통령으로 추앙하니

'참 그렇습니다.'
　듣고 있던 윤 대통령이, 특히 한동훈 장관과의 두 사람
간에 맺어있는 그 여자보다 더한 우정과 연민을 다윗과
요나단 사이를 비교하며 말씀을 하실 때엔 참지 못하고
속으로 눈물을 삼키면서 이렇게 대답하였다.
　"모두 국가의 반역자 제 나라를 전복해서 악한 가시덤
불 엉겅퀴 같은 잡범들로만 자라나게 하는, 정말 상종도
못 할 어이없는 말종 인간들입니다, 하나님."
　"그렇다. 오히려 가정, 사회, 정부라는 울타리마저 모두
악으로 뒤덮어 망하게만 할 놈들이다."
　"아, 그래서 진작부터 에덴동산 동방의 그룹들과 두
루 도는 화염검을 두어 생명의 길로 못 들어오게 막은
것이군요, 하나님."

"그렇다. 저놈들은 나의 창조 때부터 나의 경쟁자가 되어 내가 남자를 돕는 배필로 지은 여자에게 접근해서

내가 동산 가운데 있는 선악과만 먹지도 만지지도 말라,

너희가 그것을 먹는 날에는 정녕코 죽으리라 하였는데 '하나님이 너희더러 이 푸른 동산 안에 있는 모든 과일을 먹지 말라 하였느냐?' 했다."

"하하하. 오늘의 좌파와 똑같습니다. 자신들에게 불리한 것은 싹 거두절미하고 자기들 유리한 대로 갖다 오려 붙이는 이 야바위꾼 짓으로 여자를 속여 넘기는 수법이 어이가 없습니다, 하이 참."

"그렇다. 이놈들은 내가 만든 들짐승 중에 가장 사악하고 간교한 뱀과 같은 자들이라. 윤시내가 부른 그「열애」라는 노래의 가사처럼."

하시던 말씀을 끊으시고 지시하셨다.

"불러 봐."

"네."

윤 대통령이 그때까지 거의

'쩍벌'

로 비난받던 그 시건방지게 양쪽 다리를 쩍 벌리고 앉는 자세를 고치고 앉아있던

그 큼직한 체구를 얼른 일으켜서 노래를 대학생 시절

에 부르던 그 포즈대로 명곡을 부르듯
여호와 앞이라 주눅 들지 않고
'왜냐?'
털어도 털어도 먼지가 안 나거든.
그리하여
'저희는 심판 때에 부끄럽지 아니하며
기근 때에 풍족하려니와
여호와의 원수 악인은 멸망하여
심판대에 서지 못하고
어린 양의 기름같이 타서
연기되어 없어지리라.'

"태워도 태워도 재가 되지 않는…."
"그래."
여호와가 노래를 들으시고 인정하셨다.
참, 대한민국 안에 이렇게 자기 관리를 잘해가며 청렴하게 살아온 공직자도 드물지.
그 젊은 청춘 때도 여자 문제 하나 없으니
여호와 혼자 속으로 흡족하셔서 하시는 말씀이시다.
"어이구, 신통한 놈. 그래서 좌파 국회의원이란 놈들이 미치고 환장하는 거다.
제놈들 똥구린내가 풀풀 나는 전과자 도둑놈 사기꾼

집단들처럼 아무리 들쳐보고 뒤져봐도 뭐 나올 건덕지가 있어야지.

하이 참, 내 어이가 없어서.

나이 60이 되어도 웃는 모습 보면 아기 때 모냥 순수해서 혼자 두고 보기 아까워.”

그리고 본론으로 들어가셨다.

“그래, 이렇게 다 치우쳤으며 다 더러운 자가 되고 선을 행하는 자가 없나니 한 사람도 없도다.

그래서 전교조가 아이들을 가르치는 대한민국에는 희망이 보이지 않아. 내가 일찍이 창세기 때부터 생육하고 번성하라 땅에 충만하라 하는 이 축복권을 빼앗은 거다. 그래서 대책은?”

“알겠습니다. 전교조를 모조리 박살내겠습니다.”

“그렇다. 그러면 네가 그토록 인구증식 위원장직까지 맡아 애태우는 그 출산하는 여자들의 자궁 문을 활짝 열어 아느냐?”

“네? 하이 참, 내가 검사 생활 20년 넘게 하였는데 그런 하나님의 유도심문에 답변을 못 하는 실력이겠습니까?”

“알았다. 그럼 너의 대답은 나중 나의 보좌 앞에 끌어 올려 듣기로 하고.”

“어디로 가시려 하십니까?”

"잘 듣거라. 2022년 3월 9일날 오후 투표 마감 시간 전까지 네가 대통령에 당선되도록 그의 믿음의 군사 군병 광화문의 애국 세력들에게 소집 명령을 내려 각각 사전투표가 부정선거라는 인식 때문에 아직 투표하지 않는 유권자들의 집집을 찾아다니며 그 문을 두들겨서 나오게 하고, 그 손을 붙잡고 투표소로 나가달라고 호소하게 하고."

그 시간 이후

그 자신은 후보 당락의 윤곽이 드러나는 밤 열두 시 넘어서까지 내 앞에 무릎을 꿇고 얼마나

'윤석열을 이 나라의 대통령으로 세워주십시오.

그리 아니하시면 이 대한민국은 망합니다.'

마지막 전 목사를 만나러 가시면서 남기신 말씀이다.

"그는 열정의 사나이다. 나를 따르고 믿기로 한 그 시간부터 얼마나 나를 사랑하고 따르는지 내가 다 너무 그 사랑에 뜨거워서 감당 못 할 정도였다.

오죽하면 믿지 않는 자들도 그가 지나가면 성자가 지나간다고 하였었다.

그는 나의 아들 예수처럼 그 손등에 무수한 피를 흘린 자다.

한 영혼을 찾아 나의 백성이 되기까지

열 번이고 스무 번이고 포기하지 않고 찾아가서
　그 집 대문이 열릴 때까지 손등에 피가 흐르도록
두들겨서
　기어코 그 영혼을 구원하여 내게로 나아오게 하는 나
의 참 신실한 목자이다."

"내니라."
울던 여인들이 돌아다 보았다.

어둠 속에 서서 눈물 흘릴 때다.
밝은 빛이 돌연 비쳤다.

예수님이 서서 눈물 흘리며
지체 말고 오라 하셨다.

여인들이 달려가서 그 발 앞에 엎드려 흐느끼며 물
었다.

주여 나는 무엇 하리까.

미칠 것 같은 이 세상

미칠 것 같은 이 세상
세상 어딜 가나 싸움뿐이고
먹고 자고 애써 일할 뿐

하나님의 뜻은 무엇입니까?
주여 나는 무엇 하리까?

예수님을 급히 모셔 들였다.
전 목사가 사는 교회 사택 안이다.
주님이 여인들을 돌아보시고
"내가 시장하다."
하셨다.

"오, 오, 나의 주님."
수강자가 얼른 주방으로 가서 미리 알고 먼저 가서 음식을 준비하고 있는 무댑보 엄마에게 감사하다고 속삭였다.
"엄마, 고마워요. 내가 엄마 때문에 목사의 아내가 되고, 이렇게 죽어서나 만날 수 있는 예수님을 살아생전에 만나뵈올 수 있는 영광을 얻게 해주셔서요."
무댑보가 은근히 기뻐하며 대답했다.
"내가 이미 이런 날이 올 걸 다 알고 너의 결혼을 밀어

붙인 거다. 내가 결혼 혼수로 마련해 준 아파트며 온갖 그 외 세간까지 다 팔아 가난한 사람들에게 나누어 줄 때 절대 반대하지 않고

그 후에도 계속 베니다 칸막이 안에서 살지 말고 아파트 전세라도 얻어 사택 삼아 살라고 보내주는 돈마다

'모두 다시 가난한 사람들에게 나눠주는 걸 보고'

차를 사 준들

교인들까지 헌금을 모아

'제발 그만 목사님 타시라고 해드리는 차 좀 팔아 나눠주지 마시라'

고 한들

그 말을 들을 사람이냐?"

"그래서 하나님이 넘치도록 천만 배나 축복하셨잖아요."

"암, 자 어서 차린 음식상 주님 앞에 가져가자."

"네."

이모는 예수님 발 앞에 앉아 여전히 울고 있었다.

자신 때문에 그동안 걸어온 전 목사의 그 가시밭 길이다.

'내가 전도 씨앗을 뿌리지 않았다면 세상적으로 편히 살 사람을'

너무 무거운 십자가를 어깨에 평생 지고 가게 할 줄은 모른 것이다.

자신은 전 목사 한 영혼만 구하려고 하였는데

'어쩌자고 수십만, 수천만의 대한민국 애국 시민과 함께

이 고난의 길을 끊임없이 가고 또 가고'

그 겨울 차디찬 언 바닥 청와대 앞 길바닥에 단지 스티로폼 한 장 깔고 누워 철야 금식하며 보낸 그 무수한 지난 20여 년간의 낮과 밤들.

임이자는 동생과 달리 양심의 가책에 찔려 얼굴을 가리고 자꾸 부끄러워하고 고개를 들지 않고 있었다.

예수가 손을 내밀어 투박하고 거친 임이자의 손을 잡아주며 안심시켰다.

"부끄러워 말라. 아들을 따라 우상에게 절하지 않으니 다 죄 사함 받았느니라."

그리고 차린 음식을 맛있게 드시고 나신 후다.

아무 치장 없이 수수한 옷차림과 화장기 없는 수강자의 얼굴을 한참을 말없이 바라보시고 나서 그 품을 내밀어

"이리 와 내 품 안에 안기라."

하신 뒤

그야말로 그 넓고 커다란 품 안이 30여 년간 그 품을

내어주던 남편의 품 안과 똑같다는 느낌에 마구 뛰어가서 안긴 주님의 품 안에서 그동안 세월이 남긴 상처투성이 마음을 내려놓고 어린아이가 되어 흐느껴 울었다.

그리고 떠나셨다.

외동딸을 주의 종의 아내가 되게 한 무댑보를 칭찬하시고

이모에겐

"잘하였도다, 딸아. 너의 믿음의 씨앗이 망해 가는 대한민국을 살렸느니라."

"어머나, 주님."

그때까지 무수한 부흥 집회를 다니면서 받아 오는 사례금마저

'아낌없이 되돌려 주고 되돌려 주는'

모든 소외 당하는 우파 유튜브들만이 아닌 그늘진 곳 북한 주민의 탈북자들을 도와 오고 있는 이 일을 주님이 알고 계셨구나.

세상 사람들은 모르고

'모두가 달려들어 물고 헐뜯어서'

이 일로 상처받아 울고 있는 우리에게 찾아오셔서

'여인들아, 내니라.'

하고 위로하시고

'시장하시다.'

하시며 아낌없이 사랑교회에서 날마다 음식을 만들어 누구에게든 내어주는
'이 사랑의 음식을 잡수시고'
종일 어디에 가 있는지 그 모습이 보이지 않아
'어둠 속에 서서 울던'
여인들을 찾아오시듯 또 전 목사를 찾아 나선 것이다.

문필가 이모부가 쓴 글이다.

소개하겠다.

대한민국이 잘못되고 있다.

해마다 수십 년째 곳곳에 분향소만 늘려나가고 있다.

어떻게 산 자가 죽은 자만 섬기는 한 해 예산을 또 2023년도에 와서도 800억을 책정한다니 참.

국민 모두가 종갓집 맏며느리 종부가 되어버린 기분이다.

일 년 안에 몇 번씩 돌아오는 제사장 차리기에만 급급해야 하니

어떻게 다른 일에 여력을 쓸 겨를이나 있을까 해서이다.

거기다 종가댁인 정치권에서 그 제사장 차려내는 비용을 억울하게도 정말 죽은 자들의 상주는 따로 있는데

국민들의 세금으로 충당하는 오류를 범하고 있는 것 같아서다.

5.18, 4.3, 세월호, 핼러윈, 징용공, 위안부 등등.

울분에 찬 국민들의 원성

'왜 우리가 상주가 되어 내 부모 조상이 죽은 것도 아닌데

말이다.'

정권이 바뀌어도 이 유족들이 상전이 되어 무슨 영웅 대접하듯 그 범주를 벗어나지 못하고 그대로 따라 하는 전철을 밟고 있다.

무슨 일이든 정도가 있고 한계가 있는 법인데도,

도대체 대한민국이 노상 초상집이 되어

기하급수적으로 늘어 나는 분향소 앞에 문상객을 받으며 상주 노릇 하는 국가가 되어 버린 이 정치판이 똑같다.

전 국민이 들러리가 되어 따라야 하는 의무가 줄어들지 않으니 말이다.

이래서 선거가 국민들에게 오히려

'대통령이 되려는 사람 국회의원이 되려는 사람들로 인해'

제자리걸음만 되풀이해서 배워주게 하는 것 같다.

반국가 전복범들에게도 선거 때 표를 의식해서 이런 식의 피아를 가리지 않는 비굴한 표 구걸로 나라의 정체성도 팔아먹기 때문이다.

"음."

깊은 신음이 전광현의 꽉 다문 입술 사이에서 새어 나왔다.

마음 같아선

'두 눈을 뽑아서라도 맷돌을 돌리며 다시 자라 난 머리카락의 힘을 발휘해 평소에 죽였던 사람보다 몇십 배의 더 많은 사람을

감옥에서 끌려 나온 자신을 보려고 몰려나온 회중으로 가득 찬 의회장 기둥 양쪽을 양팔로 끌어안고 버티면서

힘을 다해 어깨에다 그 건물 자체 모두를 걸머지면서 같이 압사한 구약 성경 사사기에 나오는 삼손처럼'

하고 싶은 것이다.

여호와가 자신을 버리고 다른 신에게 절하는 우매한 백성들과 이들을 잘못 이끄는 선지자 지도자들을 향하여 책망하신 말씀이 이러하였다.

"너희가 물을 마시려고 앗스르 땅에 섰음은 어쩜이뇨."

지금껏 마시던 물 보수의 땅 대한민국 정체성에서 좌
파의 땅으로 들어서서
'그 좌파의 물을 마시려는 우매한 백성들을'
책망하시면서 하시는 말씀이다.

2024년도에 있을 국회의원 총선거 전에
'왜 문재인, 이죄만 저런 좌파 국가 반역자들부터 빨리
안 잡아 가두고 있다간 말이다.'

최전선 일, 이 중대를 맡아 휴전선 삼팔선을 삼십여 년
간 굳게 지켜 낸 예비역 사단장이 지적했다.
'이미 대한민국 안에 좌파의 괴수 북한에서 심어논 문
재인만이 아니라'
과거 노무현이 김정일한테
'NLL 남한의 경계선을'
모두 이북으로 넘기려는 조약을 맺고 돌아오는 바로
전날 밤이었다.
지금은 작고하고 안 계신 재향군인회 회장직을 마
지막으로 열렬한 애국자이셨던 박세직 장로님이 이
사실을 알고

2012년 새벽 한 시쯤 경에 급히 전광현 목사를 교회 사택으로 군용차를 몰고 달려와서 문을 열고 나온 전 목사를

"국가 비상사태입니다, 목사님."

　보고하기가 무섭게 차에 태워 데리고 간 곳이 군 부대 안 작전실 정보과안실이었다.

　그때 좌·우측 배열로 비밀리에 작전 계획이 새어 나가지 않도록 국가 비상 대책을 세우듯 전시 작전과 같이 철저한 보초병들과 감시병 들을 밖에다 세워 일절 외부의 근접이 없도록 방비하면서 들어선 전광현을 향하여 별을 네 개 이상 단 사단장 사십여 명이 일제히 일어나서 거수경례를 붙인 뒤에 착석하자마자

"큰일났습니다. 지금 나라가 위급합니다.

　노무현 대통령이 이북에서 돌아오는 즉시

　우리 남한의 보류 안보선인 NLL을 북한에 넘기려는 이 국가의 반역질을 막으려면 대형 인원이 모여서 하는 반대 집회를 내일 당장 조약이 성사되기 전에 이순신 장군 동상이 서있는 광화문에서 열어야 하는데."

"우리가 동원하는 인원 갖고는 도저히 불가능한 작은 인원수밖에 안 되어서 그동안 목사님이 펼쳐 오신 그 청교도 애국 교회 목사님들과 함께 펼쳐 오신 그 청교도들에게 동원력을 내리셔서 좌파 정권이 김대중 때 하지

못한 이 반역자 노무현의 매국노 행위를 막아주십시오."

그렇게 해서 군과 청교도들이 합세해서 그다음 날 대대적인 반대 집회를 열어 막아낸 NLL이었다.

그런데 이명박, 박근혜 대통령이 들어서며 지탱해 온 보수 정권을 문재인 좌파 정권에 내어준 국민의 힘 당 탄핵파 이 분탕파들이 벌이는 내부 총질로 인해
겨우 찾아온 우파 정권이 무너지면 다시 보수 정권 대한민국은 지구상에서 사라지는 것이다.

그런데 2014년도 4월 16일 침몰된 세월호 해상 사고로 희생된
학생들 위령제 영정 앞에서
'얘들아, 고맙다.'
무엇이 고마운지
'미안하다.'
이 말을 하며 박근혜 보수 정권을 무너트린 문재인이 달고 나온 그 노란 리본을
2023년도 4월 16일날 똑같이 13년이 지나서 주사파 정권의 상징인 그 '노란 리본'을
좌파 정권의 이중대가 되어 달고 나와

눈물을 흘리는 국힘당 당 대표를 보는 전재수의 머릿속이 새하얘졌다.

'다 된 밥에 재 뿌린다더니.'
'나라 꼴 잘 돌아가고 있다.'
뭐냐. 이번엔 재가 아닌 모래?
왜 그 잘 알려진 모래 검사가 이 모래를
느닷없이 국힘당에다 투척해서
'여자는 밤에만 쓰는 물건'
서슬이 시퍼런 당 대표 시절
유여혜에게는 이런 막말을
박근혜에게는
'춘향인 줄 알았더니 향단이라.'
하고 이 두 여성을 당 밖으로 쫓아낸 이 홍카가 기침을 하면 재빨리 가래침 받을 그 용기를 갖다 대면
'퉤.'
하고 뱉으면 말이다.
턱밑에 갖다 대고 두 손으로 받치고 있던 용기를 치워주는
이런 대우를 받던 그 세도를 따라가려면 어림 반 푼어치도 없는 새로 선출된 김 당 대표에게
'이젠 또'

국힘당 상임고문이랍시고

대구시장 단체장 자리에 앉았으면 지방 자치에 전념할 일이지

다가올 총선 국회의원 선거와 그 후에 있을 대권 후보에 또다시

변신해서

'푸른색 모자, 넥타이, 운동화, 푸른색 민주당 후보 푸른 점퍼를 거침없이 입고 나와 민주당원의 역선택을 통해'

국힘당의 대통령이 되려고 하는 그 포석을 까느라고

대권에 장애물인 광화문 애국 세력과 전 목사를 미리부터 제거해 놓는 작업으로

'태워도 태워도 재가 되지 않는'

그 꺼지지 않는 이 대한민국의 대통령 자리에 앉아 보는 것이 두고두고

'내 평생의 소원인'

이 홍카가 그래서 투척한 모래가 모조리 당 대표와 국회의원 등에 눈에 들어가서 따갑게 박히자

'이 모래를 뿌린 그 저의를'

알아챈 당 대표 역시 홍카가 입고 나올 푸른색 대신 자신도 가슴팍에 노란 리본을 달고 나와 우파 애국시민을 포함한

'때에 앞서가는 숫염소처럼

움킨 것은 놓지 않는 수사자처럼'

좌파와 맞서 싸우는 전 목사가 이끄는 광화문 세력을

홍카가 뿌려 댄 모래바람 한 방으로 무너트리려는

'저 못된 망할 것들이'

이를 멀리 떨어진 경상북도 봉화군 봉화읍에서 보고 있던 전재수가 그만 소 외양간으로 달려가서

그동안 이런 일에 쓰려고 밖에 내다가 햇볕에 말리지 않고 젖은 채로 모아둔 소똥이 담긴 비닐 포대를 끌고 나온 소 등에 올려놓고 자신도 소 등에 올라탔다.

그리고

'저희는 왕궁에서 길러서 왕의 일에 쓰이는 준마를 타는 자들이라.'

하는 기마병처럼

'이랴!'

소 엉덩일 박차며 서울로 비호같이 날개를 달고 날아갔다.

'새벽이 오고 닭이 울어도 캄캄한 밤에 나는 길을 떠났소.'

목적은 우선 문재인이 아방궁처럼 지어놓고 사는 저택부터 쳐들어가는 일이었다.

자신을 칠성당 성황당 우상 신으로부터 구원해 낸 맏아들 장자 전광현을
'애국 운동을 한다는 죄목으로 감옥으로 세 번씩이나 가두어 버릴 때마다'
억장이 무너져 내려 가슴을 치며 복수의 칼을 갈던 전재수가 비로소 아들 목사만이 아닌 문재인이 보수 전 대통령들을 모조리 감옥에다 처박아 연금 한 푼 못 받아놓게 하고
'저는 큰 집 짓고 한 달 전임 대통령에게 주는 2천만 원의 연금에다 경호원 65여 명의 월급까지 국가 세금으로 뻔뻔하게 받아 챙기며 호강을 있는 대로 누리고 사는'
그 혜택을 빼앗으려는 것이다.
감방에 가야 할 자가 버젓이 책방까지 열어놓고 그 첫 손님으로 빨치산 책을 써낸 작가를 초청하여 아직도 주사파의 살아있는 그 권력을
'여봐라.'
하듯이 이 백주 대낮에 대한민국을 간첩의 나라로 장악한 그 존재감을 드러내듯이 그 염소로 보이는
'허연 수염을 기르고서'
다시 대통령 재선을 꿈꾸고 있는 이 간이 배 밖으로 나온 이 인간을 말이다.

탈원전 등으로 전 국민의 혈세 수백조 원으로 모두 나라 전체를 빚쟁이로 만들어 놓은 이 범죄자가 양심의 가책은커녕 이젠 책방 안까지 차려놓고

'국가가 내어주는 전기료 걱정 없이 펑펑 내 쓰는'

저 전기선을 모조리 내친김에 끊어놔야 하겠다는 비장한 결심까지 세우고서다.

'어디 그래놔야 저 북한 인민이 전깃불 없이 어두워지면 밤을 밝히는 전깃불이 없어'

캄캄한 암흑 속에 헤매며 사는 그 자유가 없는 지옥의 어두움의 맛을

'문재인 너도 체험하란 것이다.'

그리고 그 얼굴에 준비해 간 소똥을 투척해서 오물범벅으로 만들 두 번째 얼굴은 살인마 이죄만이고, 이런 자를 대변하는 그 입으로 온통 대한국민 전체를 가짜뉴스 선동질로 오염시키는 그 입을 가진 자를 향한 소똥 투척이다.

그리고 이런 좌파들과 목숨을 내걸고 싸우는 아들 전 목사를 향하여

'그 입을 닫으라.' 하고,

한때는 광화문 광장 애국 집회에 나와 연단에 나란히 서서

'우리 애국자 전광현 목사님은 구약에 나오는 선지자
이사야입니다.'
  제 입으로 함께 팔을 높이 들고 서서 선포해 놓고
  이제 와선 좌파들의 이중대가 되어 노란 리본을 달고
다니며
'이젠 광화문 우파 애국 시민 전체와 결별하고'
  캄캄한 밤에 중도를 찾아 닭이 울기 전,
  우리 국힘당은 이 길을 따라나섰다오.

이 국힘당 당 대표야,
모세에게 요즘 유행어인
'오빠, 오빠'
이정근이 불러 대던 송트남이 불란서 파리에서
'오빠는 잘 있단다.'
옛정에 얽힌 동지애로 주거니 받거니 하다가
'털컥'
수사망에 걸려들어 고국으로 돌아와 재판정에 서듯이
오빠 모세를
'왜 본부인을 놔두고 첩을 얻어 사는 거야?'
  어찌 보면 그 누이동생 미리암이 당연한 비방에도
말이다.
  '네가 어찌 나의 기름 부어 세운 종 모세 지도자를

비방하느냐.'
  나타나신 여호와가 노하셔서
  미리암을 나환자로 만들 듯이

  전재수는 소똥으로 뒤덮인 오물투척으로 김 당 대표를 온통 얼굴부터 발끝까지 시커멓게 변하도록 만들려는 것이다.

제 7 부

내 백성 종북 주사파에서
해방시키라

그런데

'저희는 왕궁에서 길러서 왕의 일에 쓰이는 준마 타는 기병이 아닌'

전재수가 갑자기 올라탄 소 등에서 외양간에서 어미를 찾아 우는 새끼 송아지 울음 소리에 양산을 향해 달리던 암소가

'홱'

등을 돌려 새끼가 있는 외양간으로 내 뛰는 바람에 나가 굴러떨어져서 처박힌 곳이 차디찬 논바닥이고

"어이쿠!"

비명을 지르며 깨어나 보니 안방 이부자리 안이었다.

꿈을 꾼 것이다.

그러자 하늘 보좌에 앉아 이런 광경을 보고 계시던 여호와가 알려주셨다.

"전재수."

"네."

"네가 소똥 비닐 포대를 들고 가서 그 문재인 놈 얼굴에 뿌려주려던 그 오물투성이가 되기 전에 이미 다 숨어버렸다.

한 놈은 백성들의 피 같은 세금으로 아방궁을 짓고 사

는 그 철통 같은 경호원들 속에 아무도 근접 못 하게 진을 치고 있고

또 한 놈은 재판장에 나가지 않으려고 지난번엔 단식쇼를 하더니 이번엔 목에 칼침 맞았다고 아예 그 잘 쓰는 기만술에 말도 하기 힘들다며 온갖 가지가지 남자 망신이란 건 다 누워시키면서 말이다.”

“바깥 출입도 못 하겠다.”

하며 또 피습은 제 놈이 당해놓고

‘특검 감찰을 하자.’

이런 야료를 전 국민이 보는 앞에서 온갖 재랄을 다 떨며 숨어서 식은 죽 먹듯 사법부를 농락하는

‘이참에 아주’

전재수가 아들 전 목사의 입에 재갈을 맥이려던 국민의 힘 당 대표를 스스로 물러나게 하고

그 성상납에 입 떡방아로 제 신세 망친 이쿵덕도 제스스로 당을 탈당해서 나가서도 제 버릇 개 못 준다고 여전히 이젠 나라 전체를 어지럽히기로 작심하고 나불대고 있으니 말이다.

이 내부 분탕자 등을 제거 못 하는 무능하기가 그지없는 한심한 보수당 지도부들 때문에 온갖 가슴앓이를 하는 국민들을 대신해서 주야로 부르짖는 안보 단체며

광화문 애국 시민단체를 이끌며 싸우고 있는 선지자 전광현의 간구가 이제는

'내게 이미 상달되어 준비해 두었으니'

여호와가 그 눈 길을 용산의 대통령 실로 향하시면서 일찍이

'아기를 낳으면 포대기에 싸서 업고 검사실로 출근하겠다.'

하던 윤석열 대통령에게 주시지 않았던 혈육을 그대신 오천만 명의 백성을 그 등에 업히시고 짐 지우신 그 저의가 비로소 나타나시면서 지시하셨다.

미리 준비해 두었던 보검을 빼 드시고 대한민국 정부 윤석열 대통령과

'빨간 마후라를 목에 두르고'

지리멸렬했던 보수 정당 국힘에 새 바람을 일으켜서 다가오는 총선 승리를 위해 법무부 장관 자리를 내던지고 그대신 비상 대책 위원장이 되어 나라를 구하려는 검투사 한동훈,

이 두 청빈하고 인간성이 아름다운 든든한 두 관직자에게 비로소 책임을 전가하시며 내리신 분부였다.

'내 백성 종북 주사파에서 해방시키라.'